本书为教育部人文社会科学研究青年基金项目“语言经济学视域下RCEP国家的语言政策及语言规划比较研究”（项目批准号：21YJCZH068）资助研究成果。

语言经济学视域下 RCEP 国家语言政策与规划研究

李　龙◎著

中国财经出版传媒集团
中国财政经济出版社

图书在版编目（CIP）数据

语言经济学视域下 RCEP 国家语言政策与规划研究 /
李龙著 . -- 北京：中国财政经济出版社，2023. 4
ISBN 978 - 7 - 5223 - 2015 - 1

Ⅰ. ①语…　Ⅱ. ①李…　Ⅲ. ①语言政策 - 研究 - 世界
Ⅳ. ①H002

中国国家版本馆 CIP 数据核字（2023）第 033804 号

责任编辑：彭　波　　责任印制：史大鹏
封面设计：卜建辰　　责任校对：张　凡

中国财政经济出版社 出版
URL：http：//www. cfeph. cn
E - mail：cfeph@ cfeph. cn

社址：北京市海淀区阜成路甲 28 号　邮政编码：100142
营销中心电话：010 - 88191522
天猫网店：中国财政经济出版社旗舰店
网址：https：//zgczjjcbs. tmall. com
北京财经印刷厂印刷　各地新华书店经销
成品尺寸：170mm × 240mm　16 开　12 印张　189 000 字
2023 年 4 月第 1 版　2023 年 4 月北京第 1 次印刷
定价：68. 00 元
ISBN 978 - 7 - 5223 - 2015 - 1
（图书出现印装问题，本社负责调换，电话：010 - 88190548）
本社质量投诉电话：010 - 88190744
打击盗版举报热线：010 - 88191661　QQ：2242791300

前 言

作为社会科学研究，通常要注重课题研究的社会意义，而语言政策和语言规划研究关乎社会交往中必然用到的一种工具：语言。因此可以说，语言政策和语言规划研究是社会科学领域的一个极其重要的课题。而语言政策和语言规划的研究成果，不仅关乎语言本体的使用问题，乃至对于国家稳定和经济繁荣也会起到不小的影响，进一步还影响到国际间的合作等问题，因此本书的重点就放在了语言政策研究与经济发展相关联的方向。

RCEP，为区域全面经济伙伴关系协定（Regional Comprehensive Economic Partnership）的英文缩写，是由东盟十国和中国、日本、韩国、澳大利亚、新西兰共 15 个国家组成的区域性自由贸易区，区域内国家间具有陆路或海路的交通便利优势，具有天然的合作因素，然而亦存在一些不可忽视的不足，如语言的多样性，则可能会构成沟通交流的不便。本书的研究对相关的语言现象从经济学视角进行了推理分析，探讨相关国家的语言规划与经济的关系，从而寄希望于对地区间的经济发展合作起到一定作用。

运用经济学理论进行语言政策与规划研究，源于经济学与语言学的结合研究，也通常称为“语言经济学”，既包括将语言作为变量进行经济学的研究，也包括运用经济学的视角进行语言学的研究，这两个方向都可用于语言政策和规划的研究，前一种可以理解为某类语言政策可能会对经济发展起到重要的影响，后一种可以认为经济发展的视角对于语言本体规划能够提供一种更为广阔的视野。当然，通过经济学的视角来研究语言政策，并不是忽略其他因素，或者说经济学就是解释语言政策的最佳方案，而是说，通过经济学视角下的语言政策分析，可在一定程度上促进语言政策和语言规划的制定更加科学和理性化，这种理性不仅对于官方层面，还可以应用到家庭和个人的语言规划层面，通过合理的策略选择促进个人的、家庭的或者社会的经济发展。研究语言政策和语言规划是实现经济和社会发展的一种重要方式，有了这种理念，我们才可以深刻去挖掘研究语言政策和语言规划的意义。

本书共分为十五章，但是并非对应RCEP十五个国家，而是通过不同的主题展开论述。第一章为“基于经济学理论的语言政策与语言规划研究”，说明了经济学理论用在语言政策研究中的原因，探讨了经济学与语言政策结合研究的五种理论方向，这些理论方向或单独或综合应用于后面的各个章节。第二章为“语言经济学视域下RCEP国家的文字政策与文字规划分析”，对相关国家的文字使用状况进行了经济学视角的分析。第三章为“东盟国家的语言与经济”，主要论述了东盟国家语言、语言政策和经济发展的关系，兼顾了与RCEP其他国家语言经济的比较。第四章为“语言经济学视域下中日韩的语言与语言推广”，论述了中日韩的语言与经济，对三个国家的语言推广进行了经济学的分析。第五章为“语言经济学视域下国际语言教育市场供求关系分析”，运用经济学的思维对于国际语言教育市场进行拓展说明，从而可以更好地发挥语言推广机构的功能。第六章为“语言经济学视域下RCEP国家小语种策略研究”，受区域合作影响，许多国家推出了自己的小语种学习策略，本章重点对澳大利亚和韩国的小语种策略进行了介绍。第七章为“基于动力系统理论的语言保护策略研究”，在经济发展的背景下，许多少数类语言逐渐处于濒危的状态，用怎样的办法可以进行有效的保护，本章从动力系统理论出发，给出了一个建议。第八章为“语言经济学视域下面对RCEP的语言产业分析”，语言产业无疑对经济发展能够起到重要的作用，面对RCEP协定，良好的语言产业模式亦对于区域经济合作与发展能够做出贡献。第九章为“从语言经济学视角谈语言测试的信号传递效应”，从信号博弈的角度分析了语言测试对于人才选拔的作用。第十章为“语言经济学视域下RCEP国家的商标品牌语言分析”，探讨了RCEP国家商标品牌的语言景观，运用信号博弈理论分析了“仿牌”现象。第十一章为“数学模型与语言规划研究”，对于语言规划相关研究中的数学模型进行了梳理和介绍。第十二章为“统计学与语言规划研究”，探讨了语言规划研究中的统计学知识运用，同时提出了“文字距离”的概念，并且运用多元回归方法尝试进行了实证分析。第十三章为“语言学研究中的博弈论与互动语言理论”，对语言本体研究中的博弈论方法和互动语言理论进行了比较，以期促进语言本体规划研究。第十四章为“论

‘经济语言学’”，对运用经济学方法探索语言学的研究进行了梳理，包括经济语言学研究的范围、方法和结论等方面。第十五章为该书相关研究的一些书评。

本书内容虽然主要以 RCEP 国家的语言政策和语言规划为研究对象，但是研究采用了更为普遍的方法论。研究方法主要为三种：第一种是普通数学的研究方法，包括微积分和几何作图等，且运用到了动力系统理论，其中包含常微分方程的一些运算等；第二种是博弈论的研究方法，包括一般的竞争博弈以及信号博弈等；第三种是统计学的研究方法，包括常规的数据统计以及多元线性回归分析等。研究有时对这三种方法进行了综合运用。

本书所用到的数学模型，不仅是对模型在语言政策和规划中的应用探索，同时有些在理论上也进行了一些开拓，对语言政策和规划研究来说，是一种新的视角和方法。研究并非为经济学视角而经济学视角，而是因为有了经济学思想的嵌入，而使语言政策和语言规划的研究更具有实际的意义，其中数学方法的嵌入则是使研究更为具有理性和科学性的基础。

然而科学研究并不是一蹴而就的，就像比较成熟的物理学科一样，虽然前面有较好的基础，但是后面的科学家不断在发展之前的一些思想，因为前人的思想可能在特定范围内是准确的，不断地深究也使物理学不断延伸和深入。语言政策的研究同样如此，很难找到“放之四海而皆准”的道理或者方法，但是可以通过不断探索使这种研究更为科学化，更能促进社会的稳定和发展。

感谢教育部人文社会科学研究青年基金项目提供的支持，既使笔者更加认识到该项研究的重要性又加速了相关研究成果的发表；感谢博士导师金锦秀教授提供的研究帮助，在访学期间又给予了诸多实质性的建议；感谢中国财政经济出版社老师对于本书的细致编辑校对，使本书的质量又得到进一步的提升。本书的“前传”《基于经济学理论的语言教学与研究》入选了中国经济学教育科研网评选的 2021 年度经济学图书（100 种），既感到荣幸亦是对于进一步研究的一种鞭策，在本书的写作过程中，亦尽力做到了耐心细致，但是肯定亦有力所不及之处，对于书中的缺点不足，敬请读者不吝赐教。

李 龙

2023 年 1 月

经济语言学"，对这门经济学和语言学交叉的研究进行了梳理，包括经济语言学研究的范围、方法和理论等方面，第十五章介绍了与本书相关的一些书籍。

本书的各章节主要以 FLP 国家的语言政策和语言规划为研究对象，主要研究采用了较为普遍的方法，研究方法主要为三种：第一种是博弈论的[illegible]方法，包括博弈分析和均衡分析，主要运用了动力系统理论，其中包含[illegible]方法；第二种是博弈论的研究方法，包括一般[illegible]；第三种是统计学的研究方法，包括[illegible]，以及[illegible]统计分析等。

[illegible]所得到的研究结论，[illegible]在语言政策[illegible]，同时在经济上[illegible]，对语言政策和语言规划[illegible]的策略和方法。研究[illegible]，而是因为有了学科的深入，可使语言政策和语言规划的研究更具有实际的意义，其中数学方法的深入研究增加了研究的科学性和准确性。

语言经济研究并不是一蹴而就的，就像比较成熟的物理学科一样，每个阶段[illegible]，[illegible]，因为新的[illegible]。[illegible]，[illegible]。[illegible]，[illegible]，可以[illegible]。

[illegible]人文社会科学研究青年基金项目提供了支持，[illegible]认识到[illegible]相关研究方面的成果，[illegible]等给予了[illegible]；感谢中国[illegible]出版社[illegible]对本书的编辑校对，使本书的质量又得到进一步的提升。本书的前身作品《基于经济学视角的语言政策与研究》入选了中国经济出版社[illegible] 2021 年度经济学图书（100 种）。语言政策与规划研究是一个新的[illegible]，在本书写作过程中，深感力量有限，加上[illegible]，难免有疏漏和不足之处，敬请读者不吝赐教。

李 艾

2023 年 1 月

目录

Contents

第一章 基于经济学理论的语言政策与语言规划研究

语言政策与语言规划研究由来已久，相关研究理论和方法也层出不穷，但这些研究大多是从语言学、人类学、民族心理学和社会学等角度展开，其实语言政策与语言规划研究借助经济学的理论亦可以进行较为规范化的思考。目前国内外学者已从经济学视角进行了诸多尝试，本章在介绍这些内容的同时，着重探索梳理经济学与语言政策结合研究的理论方向，相关的细节研究在后面诸章中进行展开说明和应用，希望通过拓展语言政策的经济学视野研究，更能促进语言政策的理性科学化制定，同时促进区域间的经济合作发展。

第一节 为什么经济学可以用在语言政策研究中

对于语言政策与语言规划的研究，关键是看目标指向，是要研究语言政策的文本本身，还是研究政策所带来的社会意义。这两个大的指向会影响具体的语言政策和规划的制定，从社会意义出发，类似于从远处着眼，对于语言未来的走向起到一个提纲挈领的作用；从语言政策文本出发，类似于从小处着眼，制定好具体的细则。如果未能从远处着眼，许多语言政策和规划的文本内容得不到较好的实施，如未对语言政策文本进行细节的追究，则可能亦达不到所追求的长远意义，因此在良好的语言政策研究中两者是不能分开的。

用汉语举一个非常简单的例子，一些汉字的发音属于语言“本体规划”

的一部分，例如，“说服”“呆板”“坐骑”“箪食壶浆”等词汇中的“说”“呆”“骑”“食”等字原本有其通用的发音，是要尊重文化的传承，还是尊重读错和读对人数的数量，就是一个特别值得思考的问题。如果“一刀切”都改为该字的常用音，那么《论语》的“论”字是不是也要改一改？这个问题从内部来说，其实就涉及语义、语音和字形的结合与均衡问题，从外部来说，某一种发音的人数是多还是少，是怎样的一个演化，这就牵涉了演化博弈论与演化稳定策略（ESS）的问题。

在 Cooper（1989）、Ricento（2006）和 Johnson（2013）等学者关于语言政策和语言规划的研究中，已经将前人语言政策的研究方法进行了较好的总结，形成了历史文本分析、话语分析、政治法律分析、民族志研究、地理语言学和社会心理分析等诸多理论框架。Ricento（2006）编纂的著作中已经有了著名语言经济学者 Grin 的语言政策观点，其首先探讨了语言经济学中语言与收入、语言与经济活动关系等情况，又说明了经济学与语言政策评估的关系，并且介绍了一些评估实践内容。在 Gazzola，Grin 和 Vaillancourt（2020）的研究中又从经济学的视角进一步对语言政策评估进行了分析，这包括语言地位的评价、语言政策或语言规划的成本收益和国际组织的语言制度等方面，其中对于研究的方法如 OLS 等计量实证分析的优势和弊端也进行了说明。

我们尝试借用汉语文化中的“人无远虑，必有近忧”的理念，认为只有在更为宏观的理念下，才能有更好的语言政策和规划措施，而经济学的理念是其中的一把“钥匙”。经济学理论能够运用到语言政策和语言规划的研究中主要是体现在两个方面：一是经济学的思想，因为语言本体、语言地位和语言习得规划都可以归结为语言的不同“收益”层面；二是经济学研究的方法，如利用数学建模结合数据分析等技术，探索语言政策的成本收益等情况。运用这些方式，可以“远虑”，推测语言政策的未来效果，从而可以解决“近忧”，能够做出当前的较为合理的语言政策和语言规划。

本书的内容主要是以 RCEP 国家的语言政策和语言规划研究为载体，从经济学的理论出发去分析相关国家不同的语言政策和规划，通过对相关内容进行量化或质性的分析，探索语言政策和规划运行的基本规律。笔者曾简单梳理出了相关研究框架，其中提到的经济学理论有“人力资本理论”“边际理论”“计量分析”“外部性”和“博弈论”等（李龙，2021：108），但是未展开详细论述，这里借助在之后各章节将要展开的具体研究，做一个稍微详细的说明。其目的为通过基于经济学理论的语言政策与语言规划的再思考，在之前学者的研究基础上有所创新和推进。

第二节 经济学与语言政策结合研究的五种理论方向

本章提出了经济学与语言政策相结合研究的五种范式，将这种跨学科研究进行了一个简单的体系概括，之后的各章通过搜集数据和建立模型等形式进行了详细的分析。然而经济学与语言学相结合的研究依旧处于发展期，能够促进学科研究及应用于社会发展的理论依旧会不断出现，使研究成果能够不断融入各类语言政策和语言规划的制定中，可对个人以及官方机构制定更为科学的政策方案注入更多的力量。

一、人力资本理论与语言学习收益

著名经济学家舒尔茨对于人力资本理论（human capital theory）做出了重要的贡献，在他的著作中（Schultz，1982），详细论述了人力资本的表现形式、获得途径及对于社会发展的作用等。这种人力资本的概念用在语言学习收益分析中也是十分有效的，对于个人来说，语言能力是个人资本的一部分，对于整个国家来说，社会语言能力决定着国家的发展走向。

以东盟国家举例，其语言学习生活有两个值得讨论的地方，一是当地华人群体的民族语言逐渐转向了汉语普通话；二是制定了兼顾尊重民族属性和世界联结属性的宽容语言政策的国家经济发展迅速。华人社会民族语言的转变，用人力资本的理论可以给出一些解释，对于华人的个人语言学习来讲，使用原来方言的沟通收益已经明显低于使用汉语普通话，尤其是在中国经济不断迅速发展、中国与东盟沟通不断增加的情况下，华人选择汉语普通话作为华人圈的民族语言已成为一种最优的选择。对于制定了宽容语言政策的国家来说，如新加坡，虽然其官方语言多样，但是亦有自身的通用语言，即英语。通用语言的形成与人们的语言选择、国家的语言教育密切相关，这种语言政策培养了对接世界的大量“人力资本”，又结合当地的产业实际情况，相当于在当地社会经济发展中安装了大马力的“发动机”。

对于语言学习的投资包括方方面面，对于多语言的国家来说，似乎应当制定语言学习收益较高的“普通话”和“外语”，并通过官方投资进行相应的语言教育，对不同的从业者如农民、工人、学生和企业家等进行语言的投资，培养足够的语言“人力资本”。个人的语言学习也应当与国家社会发展的大方向相连，从而在这种人力资本理论的指导下达到自己语言学习的最优。一些东盟国家的经济也在逐步迅速发展起来，其在语言政策制定上也在不断改进。我国的推广汉语普通话策略对社会发展也起到了积极的影响，外出务工人员的最佳语言使用策略也是普通话，这样才能更好地与来自不同地方的人员进行交流，促进工作效率，增加自身收益。当然，一种较高“人力资本”的语言教育并不是抛弃方言或其他少数民族语言，语言政策具有不同的实施领域与不同的收益，例如，学生在学校说普通话，在家可以说方言，避免与长辈交流时出现的沟通不畅现象。

了解了人力资本理论，亦可以对国际语言教育市场进行相关需求分析。国际语言教育市场亦类似其他商品市场的规律，又有其自身的特点，其中的“需求”往往是人们自身的“人力资本”考虑，通过调查不同的语言需求，可进行适当的语言推广，发展相关的语言产业。人力资本理论还可以用到少数语言的保护中，借助动力系统理论的微分数学模型进行计算，可以制定出更理性化的少数类语言保护策略，这也包括制定人力资本培养的合理方案。

二、边际理论与语言规划成本收益

我们首先来了解一下什么是边际理论。在经济学家曼昆的著作《经济学原理》（*Principles of Economics*）中，提到了经济学的十大原理，其中第三条为“理性人考虑边际量（Rational people think at the margin）”，这里体现了二元关系，一个是“理性人”，另一个是“边际”。一般来讲，作为能够影响到未来一段生活的语言规划问题，“理性人”会认真制定相应策略，“理性人”可以是个人，可以是家庭，也可以是社会群体或官方机构，在考虑具体的成本收益时，则会考虑“边际”。

边际理论包括边际成本、边际效用、边际收益以及边际替代率等具体内容。在制定语言政策和规划时人们可能会自然地考虑边际，从海外旅游或贸易来说，许多人在决定旅游或与海外公司建立贸易关系时，大多会认真学习相应国家的语言，在有限的时间内达到收益的最大化，哪怕只利用一分钟学习一句问候的话语，在交流合作中也会起到十分重要的功效。“边际效用递减率”是边际理论的一个重要规律，这一点在语言学习中体现得十分明显，学习任何一种语言，往往是开始学习的知识技能用处更大，而后面的内容效用逐渐递减，“理性人”根据实际情况会做出自己的合理选择，而相关的语言政策和语言规划也应注意这一点。举例来说，在东盟诸多国家中，华人占有一定的比例，但是当地的华人并不一定要把汉语（华语）掌握到十分精通的程度，有时只要掌握日常的会话就已经足够了，而不必要花费更多的时间学会更为深层的汉语知识。再举一个例子，许多非英语国家大多将英语作为第一外语进行推广，课程设置从小学直到大学，有些专业和行业对于英语的需求较高，可以加深英语知识的学习，而有些专业和行业对英语需求较低，对于英语知识技能的掌握需求也并不高，此时对这些专业和行业进行一视同仁的外语教育政策从“边际效用递减率”来看是值得商榷的。

关于成本收益在语言政策评估中的应用，Grin（2003）就用一个章节进行了探讨，成本方面包括“总成本”“平均成本”和“边际成本”，其中对于“边际成本”的概念用电视中少数民族语言节目的时长进行了简单说明，认为超过某一时间点时，边际成本量会升高，这与一般的微观经济学理论思想是一致的，即播放少数民族语言节目时长上其实存在一个最佳值。个人的语言学习在什么时候达到最佳，考虑到人的精力和金钱是有限的，往往在精力的边际状态达到语言学习的顶点。对于官方的一些语言政策来说，亦可以从边际成本与边际收益角度考虑，例如定期举行的某种语言规范活动，可以始终维持人们的活力和意识，如我们国家一年一度的“全国推广普通话宣传周”，还有新加坡定期的“讲标准英语运动”，是边际理论的有效体现。

运用边际理论探讨成本收益，还可以探索语言教育机构的可持续发展问题。目前世界上许多国家有自己的语言文化推广机构，在 RCEP 国家中，中国、日本和韩国的语言机构推广都取得了较好的成效，但是仍可继续从国际语言教育市场供求以及边际理论等方面进行探索。一个国家内部也存在诸多语言商品同质或不同质的语言教育机构，如各大学的国际教育学院，这就牵涉了语言教育机构间的竞争，从经济学角度出发，就要考虑到竞争的结果，即均衡问题，这一点对于从国家层面进行统筹规划也有一定的借鉴意义。

三、计量分析与语言教育政策

量化和质性是科学研究中的两个重要方法，由于量化研究中图表突出的形象性，越来越受到人文社会科学研究的重视。但是，研究不能为量化而量化，使研究结论空洞无物，量化研究要与质性研究相结合，通过合理的假设、真实而翔实的数据以及科学的数据分析方法，得出科学的结论，进行规范分析，尤其是对实践能够起到重要作用的结论是应该要十分重视的。

经济学是人文社会科学研究中极为重视理性分析的学科之一，数学模型及统计方法在其中得到了比较充分的应用，最为突出的为“计量经济学”这个分支，逐渐形成了一套有效的因果分析范式，可以通过各类计量方法对经济的各个方面进行研究，得出较为有效的结论。其提出假设、设置变量、收集数据和建立模型进行分析预测的实证研究方式，对于与经济相关的许多因素可以进行量化的分析，语言作为影响经济的重要因素之一，亦可采用计量分析方法发现诸多语言教育政策的优劣势。

语言距离是采用计量分析的一个重要应用层面。运用语言距离的概念可以分析语言对于国际贸易的影响，亦可以分析对于第二语言习得的影响。我国学者曾对于留学生汉语的学习情况通过语言距离进行计量分析（崔萌、张卫国、孙涛，2018），语言距离的远近会影响到不同国家留学生的汉语学习认知及进度，这种研究可以应用到第二语言的教育政策方面，测定语言距离，可根据相应情况进行分班，尤其是对于入门班的学生而言。以往的第二语言学习分班往往不论国家，如果零基础，则都归入入门班，稍有些基础归入初级班或中级班等，了解语言距离的影响因素后，可以根据这种研究将不同国家的学生归入不同的班级，教学方法上也应有适度差异，从而起到更好的教学效果。

语言距离与贸易的关系可以通过计量分析的方式给出相关的结论，进而可以分析语言教育尤其是外语教育政策的导向，进行规范研究。不仅如此，语言距离与文学作品的翻译量也有一定的关系，本书第十二章运用计量分析模型探索了文字距离与图书版权贸易的相关性。另外，在语言教育方面，对于某些外语是否要深度学习，还是采取分级分类教学模式，都值得运用量化的方法深入探讨。

四、外部性与语言文字政策

外部性是经济学理论中的重要概念。一般的外部性包括正外部性和负外部性，有些产品还具有网络外部性的特征。正外部性指某些经济活动在不影响自身的收益下还能给其他人或者社会带来正面的影响，负外部性则相反，往往给其他人或者社会带来负面的影响。教育包括语言教育具有正外部性，提升人们素质，促进人们交流沟通，给社会带来和谐因素，而网络上的垃圾语言则具有负外部性，发帖者制造这些语言进行了情感发泄，但是对不小心看到评论的人带来了负面情绪的影响。语言学习的一大特征是网络外部性，即某一种语言学习的人越多，则其沟通性越强，沟通性越强，则学习的人就越多。

外部性还与文字的使用相关。历史上曾出现过多种类型的文字，如楔形文字、象形文字和表音文字等。在历史的演变过程中，目前世界上使用的主要文字分为两大类，一类是表音文字，如英语、西班牙语和阿拉伯语等；另一类是表意文字，如汉字。还有语言的文字是两种情况的结合，如日语。汉字从严格意义上来说是“意音文字”，但是所谓的“音旁”，其实也是起源汉字的形体，因此广义上可以称其为“表意文字”。Cherry（1957：31）认为人类文明演化进程中表音文字起到了重要作用，但其实表音文字和表意文字都对世界文明的发展做出了重要的贡献。由于表音文字的简便性，许多国家尝试改革自己的文字以适应世界的发展，目前世界上的表音字母主要为拉丁字母、西里尔字母和阿拉伯字母等，因此有些国家就尝试将自己的语言改成了其中的某一种，如越南语的文字改革。由于拉丁字母的影响力巨大，受其外部性影响，其他采用表音文字的国家或者某些少数民族语言就可能会采用这种文字形式。韩国亚洲发展基金会对印度尼西亚的少数民族吉阿吉阿族推动韩文表记方式（国家语言文字工作委员会，《世界语言生活状况报告 2021》：308），这其实也是利用外部性原理来增强自己文字的影响力。

日本和韩国历史上使用汉字来表述自己的语言，后来虽然发明了自身的文字，但是汉字依旧是主流，近代受各种因素影响，两国进行了文字方面的改革，如试图限制汉字，但是改革的结果却有很大差别。以往语言政策的研究方法很难分析出背后的原因机制，但是运用经济学的分析，借用市场的选择理论，可以给出一个很好的解释，同时也可以对未来的发展做出预测和建议，这一点以及关于文字的进一步讨论我们将在第二章展开说明。

利用外部性原理，可以对语言的国际传播进行分析，尤其是网络外部性原理，也可以对国内的语言教育政策有更深的认识，如有些国家在外国人获取签证或办理入籍手续时，对语言水平提出一定的要求，从外部性原理上可以给出很好的解释。

五、博弈论与多语制

博弈理论应用于诸多学科中，尤其是在经济学中有着广泛的应用，由于市场上存在诸多的企业，竞争就成为永恒的主题。对于语言来说同样如此，如果一个国家内部存在诸多语言，那么人们就会有语言的选择，语言间会存在竞争，最终的语言竞争结果可以通过博弈论进行分析。

在 RCEP 国家中，大多数国家存在多语的问题，有些国家只规定了一种官方语言，有些国家则规定了两种乃至更多的官方语言，这种情况将来会发生怎样的演变，演变的因素有哪些，政府可以通过哪些政策能够起到“四两拨千斤”的效果，都值得进一步探索。

前面我们提到，随着社会发展，华人圈的沟通语言逐渐以汉语普通话为最优选择，虽然方言还占有一定的比例，但是随着人口的迭代汉语普通话最终会占据主导地位，这也是用演化博弈论可以说明的。RCEP 相关国家内部的语言竞争分析与保护也可以通过这种方法进行诠释。当然，博弈论应用范围很广，亦可用到这些国家的语言产业分析中，如语言教育机构之间的竞争，语言测试的信号博弈分析，还可以分析“仿牌”商标语言的策略与收益等。

基于经济学理论的语言政策与语言规划研究，最终要看“收益”是什么，有时是指国家的整体收益，有时是个人的收益，有时是某一个群体的收益，群体的收益可能体现了语言的“权利”，如未进行合理的解释与规划，则可能会出现较大的问题。因此，收益要使各方面满意，必然有一个博弈的均衡，这种均衡的达成，可能是“市场”形成的结果，也可能是提前“计划”形成的结果，如果在推行语言政策和语言规划时提前有一个较好的方案和目标，那么这必定是一个成功的语言政策。当然科学的理论也并非一蹴而就，许多方法需要不断探索。

“看不见的手”与“看得见的手”是市场经济与政府调控结合的形象比喻，其实也可以用到语言政策与语言规划的研究中，许多学者做出了一些研究，但是这些研究远远不够，还需要语言学家与经济学家共同努力，为学科结合以及促进经济发展做出应有的贡献。再说一下关于“语言政策”和“语言规划”这两个术语，英文中统称为“LPP”（Language Planning and Policy），两个词有时“语言政策”在前，有时“语言规划”在前，将“语言规划”放在前面是从研究历史来看该词是出现在“语言政策”之前的，而将“语言政策”放在前面则体现了研究者当前用词的偏好，两个词语的词义看起来似乎有一定的差异，但并不影响研究的核心。

第二章　语言经济学视域下 RCEP 国家的文字政策与文字规划分析

文字作为语言的载体，是语言传播、文化传承和科技发展等的重要工具。制定良好的文字政策与文字规划，同样对于经济社会发展可以起到重要的作用。本章首先以 RCEP 国家的文字使用状况为例说明了文字的几种类型，然后对于一些文字研究的经济学方法进行了探讨，主要是以日韩文字的使用为主，最后探讨了经济学视角下汉字的传播。

第一节　RCEP 国家的文字使用状况

历史上曾出现过各种各类的文字，发展到现代，逐渐形成了表音和表意两个大的类型，其中表音文字占据绝大多数，而表意文字则仅占有少量的“市场份额”，且严格意义上来说，表意文字亦可称为“意音文字”，但是这并不影响我们后面进行的一些比较性质的分析。

文字政策与规划对于文字的选择，其实主要可以归结为表音文字与表意文字的竞争，以及表音文字之间的竞争。以 RCEP 各国为例，使用的文字形式主要分为这样几种：中国的汉语使用汉字；澳大利亚和新西兰主要使用英语，其使用的是拉丁字母；日语采用假名与汉字相结合的形式；现代韩语使用的是韩文（也称为谚文）字母，但是也使用一定数量的汉字；现代马来西亚语、印度尼西亚语采用的是拉丁字母；菲律宾他加禄语采用拉丁字母；泰国使用泰文字母；老挝的老文近似泰文；柬埔寨使用高棉文字母；缅甸文采用婆罗米字母；新加坡、文莱因使用马来文、英文等语言，主要亦是拉丁字母；现代越南语也采用拉丁字母体系。可以看出，RCEP十五个国家的文字形式是多样的。

分析RCEP国家语言的文字，可以了解到一些文字使用的特征。第一，泰语、老挝语和柬埔寨高棉语等使用的文字十分相似，缅甸文的婆罗米字母也有着相近的渊源，总的来说，这几种文字与语言的结合传承时间较为悠久。第二，拉丁字母文字逐渐得到了广泛的应用，除澳大利亚和新西兰外，还有马来西亚、印度尼西亚、菲律宾和越南等国，马来语、他加禄语和越南语是从其他文字转向了拉丁字母文字，我国的汉语也受到了一定的影响，虽然使用汉字，但拼音方案采用的是拉丁字母体系。第三，日语和韩语采用了自己独创的文字体系，但是受历史及文字本身影响，依旧借用不定量的汉字。

世界上还存在其他较有影响力的文字类型，如阿拉伯字母和西里尔字母等。文字的使用既与自身的文化传承相关，同时也具有经济学上的网络外部性，相近的文字在学习上更易于相互理解，因此有些国家倾向于将自身的文字国际化，拉丁字母化是其中的一个重要方向。考虑到文化传承、民族心理和区域合作因素，地区发展并不一定要过度改变自身的文字，如中日韩之间的合作除地理距离的因素外，也与文字、文化和文明等相近密不可分，汉字在中日韩的区域合作中起到了重要的作用。由此亦可预见的是，泰国、老挝、柬埔寨和缅甸等国的联系也会更为密切。当然，由于同一种文字在每个国家的使用存在一定的差异，如中日韩使用的汉字也有所不同，在沟通上会出现一定的障碍。

文字的距离其实也是属于我们在第十二章提到的语言距离的一部分，也有其独立特征，当然这一方面的研究还较为欠缺。但是，运用经济学方法探讨文字的差异性，对于加强国家间的相互理解和促进区域发展合作有着重要的意义。

第二节　文字分析的经济学方法

本节从笔者与导师已经尝试做出的一些研究出发，对于经济学视角下的文字分析进行一些探索。已尝试的研究主要围绕汉字在日本和韩国的使用状况展开，日本和韩国的汉字使用现状用经济学的视角借助数学模型可以给出一个均衡状态的分析，分析结果跟目前两国的文字使用状态基本吻合，当然这种研究依旧可以拓展。东南亚国家的文字使用亦可运用经济学的视角进行分析，在这一节中我们也进行一些讨论。

一、汉字文化圈中文字使用的研究

汉字是当前世界上为数不多的非表音文字，其历时传承悠久，也形成了汉字文化圈的概念。在汉字文化圈中，中国的汉字经历了繁体字到简体字的变化，日本在假名出现后逐渐形成了汉字与假名混合的文字使用方式，韩国自世宗大王时代创制谚文开始，谚文的地位也逐渐在提高，谚文与汉字的混用持续了较长的一段时间，越南的文字也经历了汉字、喃字向拉丁字母方向的转变。

在汉字文化圈中，日本和韩国的文字使用较为特殊，由于外界干扰和民族心理等因素，两国都曾想以本国所创文字为主体，限制汉字的使用，但是出现的结果并不一致。对于这种奇特现象，Li 和 Kim（2019，2021）借鉴并拓展了 Wiese（2015）对于语言竞争的研究，从仁慈的社会计划者角度以及寡头竞争的角度对于这种文字使用的现象进行了研究，这种运用经济学理论对语言进行研究的结论具有模拟现实社会的魅力，对于两国的文字使用现状给出了可以证明的解释。下面我们将这种方法与结论进行简要介绍后，再对完全竞争的情况进行一些分析。

Li 和 Kim（2019）设定了读者与仁慈的文学生产者两个市场主体，读者在学习文字时会考虑自身收益，来确定自己学习文字的策略，而文学生产者考虑的则是使自身的文学作品达到阅读收益的最大化，也就是说，使文学作品具有更广泛的受众群体。通过各自收益的设定，形成下面的文学生产者收益公式：

$$W = n_1\left\{m\left[\frac{c^0}{n} + \alpha\left(1 - \frac{c^0}{n}\right)\right] - c_1\right\} + n_2\left\{m\left[\frac{c^0}{n} + \beta\left(1 - \frac{c^0}{n}\right)\right] - c_2\right\} \qquad (2-1)$$

作为一个仁慈的文学生产者或社会计划者，其会考虑整个社会的收益最大化，对模型进行计算分析后，其结论是需要比较 $c_2 - c_1$ 与 $(\beta - \alpha)(\beta + \alpha - 1)q$ 的大小，也就是要比较生产边际成本与不同文字理解度所带来的边际收益之间的大小差异，从而得到文字的最佳使用策略，并且对成本、相对理解度和人口等相关影响因素进行了比较静态分析，日语和韩语的不同情况决定了两种不同的文字使用走向。通过对结论的分析，可以了解这样几个事实：第一，日本的文字使用保留了大量的汉字，而韩语中的汉字使用越来越少，这可以给出一个经济学的解释；第二，不同类型的文学作品所采用的文字使用策略是不一致的，以日本为例，小学生看的或者普通娱乐类的作品使用假名会更多，而官方文件或较为正式供成年人阅读的作品则会使用较多的汉字，运用上述模型也可以给出较好的解释；第三，在制定未来的文字策略时，亦可根据目的性，制定更为合理的文字规划。

Li 和 Kim（2021）对于市场上具有两个文学生产者时的状况进行了探讨，此时的竞争更像是对市场份额占有情况的分析，因为不管使用什么样的文字类型生产策略，都想更大地占据市场。通过设定学习汉字的人口比例、理解度和作品数等变量，得到了求解文字生产者最大收益化的模型：

$$\max_{n_1^i} \pi^i(n_1^i, n_1^j) = [r + \alpha(1-r)]\frac{n_1^i}{n_1^i + n_1^j} + [r + \beta(1-r)]\frac{n_2^i}{n_2^i + n_2^j} \qquad (2-2)$$

这其实也是一个求解类似于古诺纳什竞争均衡的问题，得出的结论为，任何一个文学生产者生产文字单用作品的比例为 $\frac{r+(1-r)\alpha}{2r+(\alpha+\beta)(1-r)}$ 时为最优解，生产文字混用作品的比例则亦可得出。通过比较静态分析，还可以了解到学习汉字的读者比例和理解度等变量对于均衡结果的影响。日语将汉字词转换为假名拼写时与韩语将汉字词转换为谚文拼写时所造成的理解度是不同的。另外，日本掌握汉字的人口比例与韩国掌握汉字人口的比例也是不同的，因此会造成两国文字使用策略的差异。当然，在一个国家内部年龄段不同的人群在理解度、掌握汉字情况方面也有差异，因此针对不同年龄段读者的文学作品的文字使用也会有一定的差异。

在 Li 和 Kim（2021）的研究中只是提到了两个竞争者，其实也可以拓展到多个文学生产者的情况，这类似于经济学上完全竞争的分析，这里根据笔者的博士论文（Li，2017）做一个补充说明。

当社会上具有多个文学生产者时，每个生产者为了自己的收益最大化，同样要考虑其他文学创作者的情况，因此这些文学创作者相互竞争也应存在一个纳什均衡。我们同样假设文学创作者为 i，社会上共有 N 个文学生产者（A,B,C,⋯,N）（N 为数量的表示），为了简便，我们假设这些生产者是同质的，因此此时的收益方程可以表示为：

$$\max_{n_1^i}\pi^i(n_1^i,n_1^{others}) = [r(1-r)\alpha]\frac{n_1^i}{\sum_{i=A}^{N} n_1^i} + [r+(1-r)\beta]\frac{n_2^i}{\sum_{i=A}^{N} n_2^i}$$

$$(i \in A,B,C,\cdots,N) \qquad (2-3)$$

为了求得该收益方程的最优解，我们仍然要考虑 N 个方程同时满足一阶条件为 0 的情况，此时各个方程的一阶条件为：

$$\frac{\partial\pi^i}{\partial n_1^i} = \frac{[r+(1-r)\alpha]\sum_{j\neq i} n_1^j}{\left(\sum_{i=A}^{N} n_1^i\right)^2} - \frac{[r+(1-r)\beta]\sum_{j\neq i}(n^j-n_1^j)}{\left[\sum_{i=A}^{N}(n^i-n_1^i)\right]^2} = 0$$

$$(i,j \in A,B,C,\cdots,N) \qquad (2-4)$$

前面的公式可整理为：

$$\frac{[r+(1-r)\alpha]\sum_{j\neq i} n_1^j}{\left(\sum_{i=A}^{N} n_1^i\right)^2} = \frac{[r+(1-r)\beta]\sum_{j\neq i}(n^j-n_1^j)}{\left[\sum_{i=A}^{N}(n^i-n_1^i)\right]^2} \qquad (2-5)$$

将前面所有方程左边项与左边项相加，右边项与右边项相加，可以得出：

$$\frac{[r+(1-r)\alpha](N-1)\left(\sum_{i=A}^{N} n_1^i\right)}{\left(\sum_{i=A}^{N} n_1^i\right)^2} = \frac{[r+(1-r)\beta](N-1)\sum_{i=A}^{N}(n^i-n_1^i)}{\left[\sum_{i=A}^{N}(n^i-n_1^i)\right]^2}$$

$$\Rightarrow \frac{r+(1-r)\alpha}{\sum_{i=A}^{N} n_1^i} = \frac{r+(1-r)\beta}{\sum_{i=A}^{N}(n^i-n_1^i)} \qquad (2-6)$$

前面我们假定了这是 N 个同质的文学创作者，因此式（2-6）可化简为：

$$\frac{r+(1-r)\alpha}{N\cdot n_1^i} = \frac{r+(1-r)\beta}{N\cdot(n^i-n_1^i)} \qquad (2-7)$$

可求得：

$$(n_1^i)^* = \frac{r+(1-r)\alpha}{2r+(\alpha+\beta)(1-r)}n^i \qquad (2-8)$$

由此我们可以得出下面的结论，当社会上存在多个同质的文学生产者时，某个文学生产者根据掌握汉字人口的比例以及读者对于某类作品的理解程度制定的最优生产策略解与只有两个文学生产者竞争时是一致的，因此变量 α、β 和 r 的影响与只有两个文学生产者时也是一致的。

上述结论虽然看起来十分直观，但是未将生产文字混用文学作品及文字单用文学作品所产生的费用考虑在内，这可以通过将收益减去成本变量从而对于其影响进行分析，这一点比较容易理解，如果文字单用作品的费用相对增加，那么文字生产者就会减少文字单用作品的数量，反之，则会增加文字单用文学作品的数量。

文学生产者在相互竞争的情况下，存在一个收益最大化的纳什均衡结果。文字混用作品数量及文字单用作品数量的比重与理解度及掌握汉字的人口比例情况呈现直接的关系。在考虑费用的情况下，由于生产费用的增加或减少，文学生产者也会根据情况增加或减少某一类文字作品。在考虑掌握汉字人口的比例时，不一定限于国家总体，有时按照年龄段也可以划分。例如，某个年龄段的人口掌握的汉字较少，因此面对该年龄段读者的各类读物文字混用作品更少；某个年龄段的人口掌握的汉字较多，因此面对该年龄段的文字混用作品会适当增多。

我国简体字和繁体字的使用问题也可以用类似的理论进行解释，在李龙（2021：127－138）的研究中，根据汉字的实际情况对模型进行了拓展，一方面从社会福利最大化角度分析了简体字推广的本质；另一方面对于不同地区的简体字和繁体字使用差异给出了经济学的解释，这种解释亦可用于对社会上偶尔出现的一些特殊文字现象的说明。

二、经济学视角下 RCEP 国家文字使用的再认识

前面提到，世界上的文字主要为表音文字和表意文字两种，目前大多数语言采用了表音文字，如英语、德语、法语等使用拉丁字母，俄语、蒙古语采用了斯拉夫字母等。在 RCEP 十五个国家中，汉语采用了主要表意的汉字，日语也部分采用了汉字，新加坡、马来西亚等国的华人群体也在使用汉字，而其他国家的文字主要以表音文字为主。

即使是表音文字，也存在不同文字类型间的竞争，常用的表音文字有拉

丁字母、西里尔字母（斯拉夫字母）和阿拉伯字母等，李郁瑜（2020）对中亚国家文字的选用进行了回顾和思考，其中涉及的就是西里尔字母与拉丁字母之间的竞争问题。在 RCEP 国家中，有些国家也经历了文字使用的变化，除了前面分析的中国、日本和韩国的文字使用状况外，越南从汉字转向了拉丁字母文字，马来语从阿拉伯字母转向了拉丁字母文字，缅甸、泰国、老挝和柬埔寨等国则保留了自己的传统文字。除了社会民族心理等因素外，哪些原因造成了文字使用状况的变化呢，接下来我们从成本收益、外部性和语言距离三个方面进行讨论。

成本收益是经济学中的一个基本概念。使用文字的成本可以这样理解，一方面是在社会中如果采用某类文字，其教育所带来的消耗、印刷出版所带来的消耗以及语言规范所带来的消耗等；另一方面是对于普通群众来说，学习一种文字是否要花费较多的时间，是否消耗更多的精力，是否花费更多的金钱等。收益则是如果采用某类文字，是否可以继续传承以往悠久的历史文化，是否有助于科学技术的发展，是否可以起到沟通便利的效果，等等。以汉字来说，学习成本是付出在汉字上学习的时间和精力等，收益包括对于传统文化的继承、各地方言间的文字保持统一以及便利的交流促进经济社会的发展等，当转向其他文字发现成本过高时，保持汉字则是一种明智的选择。而像越南，由于拉丁字母的学习成本、教育成本等相对于使用汉字、喃字来说更小，考虑到沟通交流收益更大的原因，采用拉丁字母则可能是一种更优的选择。

外部性是文字形式采用的另一种考虑。如果某一种文字使用的民族和国家较多，那么这种文字往往带有一定的网络外部性，相互学习容易简便，同时会带来沟通的简便。越南语、马来语转向拉丁字母文字也受到一定的外部性影响。新西兰的土著居民所使用的毛利语，也是采用了拉丁字母的形式，同英语保持了一致，这也具有网络外部性的优势。中国、日本和韩国的汉字使用，也起到促进沟通的作用，旅游时交通、景点文字的互识也促进了人们的交流。泰国、老挝和柬埔寨等国的文字相近，相互也会有网络外部性的积极影响。另外，各国之间互相借词时，采用音译的形式也会增加一定的外部性影响，会增加会话的简便性。文字的网络外部性还可以通过政策扶持对自身的文字进行推广，如韩国对印度尼西亚少数民族语言文字的投资（国家语委《世界语言生活状况报告 2021》：308）。

语言距离与国际间贸易的交流具有相关关系，这一点我们会在第十二章展开较为详细的探讨。其实文字距离也是语言距离的一部分，采用相同的文字类型会促进沟通的简便性，这一点在拉丁字母国家、汉字圈国家以及婆罗米字母国家已经有了较为明显的体现。但是，这些不同文字类型的国家采用怎样的文字政策才能缩短文字距离，与世界接轨的同时还要保持自己的特色呢？其实不同国家在一些沟通方法上都已经做出了努力，如护照除本国文字外亦采用拉丁字母书写，许多跨国公司的商标和产品说明书等亦采用多种文字，这都在一定程度上缩短了语言文字间的距离，而如果通过相关分析采用更为明确的语言文字规划，则更能促进各国间的经济和发展。

从各国文字的使用状况来看，似乎在表意文字和表音文字的竞争中，表音文字尤其是拉丁字母文字占据了更多优势，但这并不是说表意文字具有很多的缺点，两种文字类型是具有各自的优势的，历史上也曾有表意文字逐渐取得优势情况的例子，在中国清朝时期，统治者的母语本来为采用表音文字的满语，但在随后二百多年的历史发展中，满语却逐渐消亡。近代以来，汉语也曾有过表音化的尝试，其未成功的本质也是可以从成本收益角度考虑的，而且一些国际沟通方面的缺点通过设定拼音方案也起到了较好的效果。与表音文字相比，汉字具有诸多的不同优势，在国际传播中亦可有自身的特色，这一点我们在下一节展开详细的探讨。

第三节　经济学视角下海外汉字的使用与传播

我们在海外会常常见到使用汉字的情况，这些汉字的使用有时来自官方，有时则是人们自发的。官方使用汉字主要是在地铁、公交车、机场和火车站等公共场合，使用汉字增加了中国人去当地旅行的便利性，中国旅行者的增加亦会增加当地的收入，这也间接地促进了汉字在海外的使用与传播。不仅是官方，民间也有诸多场合在使用汉字，这些汉字有时是为了中国游客的方便，有时则并不带有这种目的性，广告、门牌中的汉字可能会吸引当地华人以及中国游客的光临，而一些装潢使用汉字以及 T 恤上印刷汉字，甚至还有人将汉字刻在身上的现象，仅是穿戴者想体现出某种爱好与魅力，这些情况则亦是汉字传播的一种体现。

了解海外某些场合对于热衷汉字使用的一些情况，可以从语言产业的角度进行拓展，语言产业包括语言翻译、语言测试和语言教育等诸多方面，但是针对文字产业还缺少更高的重视。语言产业中的品牌设计有时也可以看作一种文字产业，为了将产品打入国际市场，我国的许多商品都设计了英文标识，而国际上的商品为了在我国的消费市场占据一席之地，也会将自己的品牌翻译为较有积极意义的汉语标识，好的文字标识可以给产品销售带来一些难以估算的正外部性。汉字具有一定的图画功能，也包括一定的正外部性和负外部性功能，国外产品为打入我国市场，其大多在文字外部性上也花了较多的功夫。

文字产业除了在品牌设计等方面下功夫，还可以考虑到算是文化产业一部分的书法产业，汉字毛笔字书法作品在世界上有较大的影响力，甚至汉字文化圈的其他国家也在效仿，而如果将其规范化，形成书法产业的特色品牌，在国际交流中成为一种特殊的礼物，则不仅增加相关产业从业人员的收益，同时对汉字的传播、海外对于中国文化的了解有着积极的作用。但是这仍需要诸多努力，如贺宏志、陈鹏（2013：213 －214）提到了书法艺术品存在的“缺少规范定价机制” “缺少规范市场营销”和“缺少合理评价体系”等问题。

汉字、拉丁字母和西里尔字母等文字的设计理念并不同，文字的产生主要来源于两个设计理念：一个是重于所描述的事物，另一个是重于人们口中所发出的声音。索绪尔结构主义语言学中的“能指”和“所指”概念，用于前面文字设计第二种情况的分析时更为清晰，而第一种文字设计理念有时是“能指”和“所指”的自然融合，如用太阳的样子表示太阳、用月亮的样子表示月亮等。这两种设计理念也决定了文字发展的难易度，后一种设计理念只需要设计发音的字母即可，因此只包含较少的符号，而前一种则根据事物的产生需要设计大量的文字。这两种文字各有优缺点，李龙（2022）在论述文字政策与文字规划时运用维度对这两种文字的优势和劣势进行了说明，两者的维度表示如图 2 －1 和图 2 －2 所示。

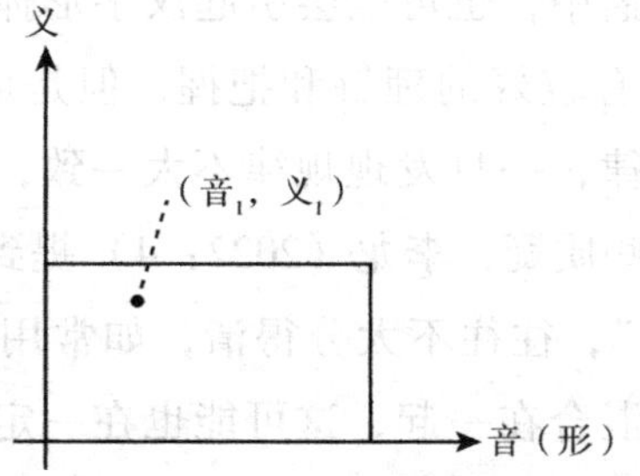

图2-1　表音文字的维度

资料来源：李龙，2022：6。

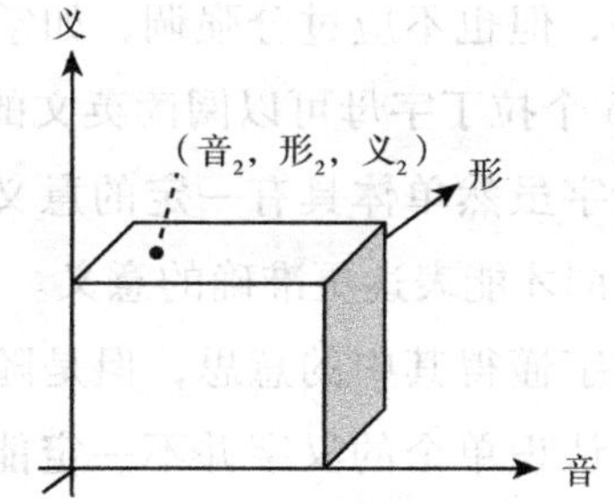

图2-2　表意文字的维度

资料来源：李龙，2022：6。

由于两类文字具有不同的维度，因此体现出了不同的优势，拉丁字母虽然具有书写简便性等优点，但是由于其是二维结构，因此在历史的传播过程中会造成语义的演变较多，而表意文字具有三维结构，因此在历史的传播过程中具有更好的稳定性等优点。随着时代的发展，这些优势也可以进行互补。由于表音文字使用的广泛性、简易性以及科技发展中的诸多应用，受到了人们更多的重视和偏爱，甚至将自身的表意文字转换为表音文字，但是有时我们亦需要认真考虑某些文字的整体收益情况。

目前来讲，为了国际沟通及经济合作，需要考虑各自文字的特点，在翻译时使用音译或意译或音意结合等方式。一方面能够较好地用拉丁字母、西里尔字母等表音文字解释好汉字，增加外部影响力；另一方面也可以用汉字更好地来解释表音文字，少使两者对立，多使两者沟通，从而促进语言文化的交流与传播。

在汉字的学习和传播中，也可能会引起汉字形体的演变。中国人自小学习汉字，因此对于汉字有较好的理解和把握，但是成年留学生学习汉字时，往往都喜欢找相同的规律，一旦发现规律不太一致，可能也对教师的教学以及汉字的复杂性提出一些质疑，李龙（2022：4）提到留学生对于汉字笔画中的“捺”和向右的“点”，往往不太分得清，如常用的“茶”字。其实毛笔字书法中有时也将两者混合在一起，这可能也在一定程度上影响到汉字的书写和学习。历史上汉字的书写有过多次形体的变化，由简便性及书写习惯等原因造成，不知道留学生对于汉字的学习和传播会不会起到一些近似的作用。

表音文字与表意文字各自具有相应的优势，不应将任何一方的优势过于夸大。汉字具有诸多优势，但也不应过分强调，如掌握多少汉字可以阅读报刊之类的说法就像掌握26个拉丁字母可以阅读英文的说法一样荒谬，字母组成词才有一定的意义，汉字虽然单体具有一定的意义，但是现代汉语大多数情况下亦需要将汉字组成词才能表达更准确的意义。汉字词有一些是单字词，这可以理解为认识单个的字懂得其中的意思，但是随着汉语的发展有许多的双音节词、三音节词等，认识单个的汉字并不一定能懂得词汇的意义，仅学习单体汉字而不学习汉语词依旧是难以阅读汉语的文章的。

在第二节我们使用了成本收益、外部性和语言距离等三个方面来论述文字的作用，综合起来看，汉字的观赏性和艺术性等因素促进了汉字的传播，因此可以在某些宣传品如衣服、字画和瓷器等方面做出推广，使人们认识不同文字的魅力，使用的人在美感上获得收益，观看的人同样在外部性上获得收益，增进不同文字的理解亦可以消除隔阂，缩短人们之间的距离，增进合作。文字沟通如语言沟通一样，也应打开格局与相互理解，从而实现共同发展。

第三章 东盟国家的语言与经济

东盟各国在语言上有一个相同点，即语言是多样化的，但是各国的经济发展水平却十分不同。从语言经济学理论出发，收入较高的国家在语言规划上有一定的先进性，而收入较低国家的语言规划却不尽然。语言是解决经济问题的方法之一，设定合理的语言政策和语言规划，可对经济发展起到重要的推进作用。东盟较低收入国家可借鉴在语言规划领域做出成绩的较高收入国家的方法，进而促进交流，实现自身发展。在 RCEP 签署的背景下，我国也应注意到东盟国家语言政策的状况，设立一些有针对性的语言规划策略，促进区域经济共同发展。

第一节 东盟国家语言与经济关系研究的缘起

20 世纪中期以来，随着第二次世界大战结束及世界各国独立，全球经济进入一个上升发展期。这既包括传统经济强国，也包括一些原本发展较为落后的国家，如东南亚地区诸国。为了适应全球经济的发展与合作，东南亚国家自 1967 年始成立了区域经济体“东南亚国家联盟（Association of Southeast Asian Nations）”，即通常所说的“东盟”，最初由泰国、印度尼西亚、新加坡、菲律宾和马来西亚五国发起，后来文莱、越南、老挝、缅甸和柬埔寨相继加入，成为世界重要区域经济体。近些年，由其发起了《区域全面经济伙伴关系协定》（RCEP），该协定除东盟十国外，还包括中国、日本、韩国、澳大利亚和新西兰五国，该协定于 2020 年 11 月 15 日正式签署，使该区域成为世界上最具发展潜力的自由贸易区之一。

近几十年来，东盟各国经济取得了较大幅度的增长，但其发展并不均衡。有的国家已步入世界高收入国家行列，如新加坡和文莱；有的国家依旧十分贫困，如柬埔寨和缅甸；马来西亚、泰国、越南和菲律宾等国取得了一定的经济成就，但依旧存在较大发展空间。当然，经济的发展与各种因素相关，这里我们只探索语言和经济的关系。东盟十国在语言上有一个相同点，即语言是多样化的，如何面对语言多样化是世界上许多国家难以解决的问题，然而在东盟国家中，制定了较为合理语言政策和语言规划的国家，往往经济发展较快，而在语言政策和规划的制定存在一定不合理状况的国家，经济发展往往较慢。这也体现出了语言与经济的关系，本章将就这个问题展开来研究。

许多学者的先行研究已经逐步揭示了语言多样性与收入的关系，如根据 Fishman（1968）和 Pool（1972）的实证研究形成的费什曼—普尔假说（Fishman - Pool Hypothesis），就认为一个国家的语言越是多样，经济越是不发达，语言单一的国家往往比语言多样化的国家收入更高。由于近几十年世界经济又取得了可观的发展成就，为了验证之前的观点，Fishman（1991）和 Nettle（2000）又对之前的结论运用较新的世界统计数据进行了分析，其中 Nettle（2000）的研究结论基本还是支持费什曼—普尔假说，而费什曼自己的研究（Fishman，1991）则与自己先前的研究结论并不一致。我国学者在语言多样性和收入的关系上则根据最新的统计数据得出了一个“拐点假说”（曹贤文、张璟玮，2020），认为语言多样性和收入的关系存在一个“拐点”。当人均国民收入低于 17000 美元时，语言多样性与收入呈负相关关系；而当人均国民收入高于 17000 美元时，语言多样性与收入呈正相关关系，这从数据上对先行研究的不同结论有了一个合理的解释。然而，这些研究往往都是基于数据的实证分析，并没有揭示为什么会出现这种现象：有些国家语言多样却有着较高的收入的原因究竟是什么？我们认为，其中一个重要差别在于对于语言政策和语言规划的制定，借助东盟十国的特殊情况，我们来展开分析。

第二节 东盟国家的经济与语言概况

首先，我们借助世界银行的统计数据，对东盟十国的人均收入进行说明。在世界银行的统计数据中，人均 GDP 均具有 2020 年的最新统计数据，而人均 GNI 虽也是最近年份的统计数据，并非都为 2020 年，由于世界银行通常使用人均国民总收入（GNI）来划分低收入国家、中等偏下收入国家、中等偏上收入国家和高收入国家，因此也将数据罗列以供参考。总体来说，人均 GDP 和人均 GNI 的数值相差不多（见表 3－1）。

表 3－1　　东盟十国人均收入一览表

序号	国家	人均 GDP（美元）	人均 GNI（美元）（最近年份）
1	新加坡	59797.8	51849.7（2015）
2	文莱	27443.0	31526.6（2019）
3	马来西亚	10412.3	10417.2（2020）
4	泰国	7186.9	5538.8（2015）
5	印度尼西亚	3869.6	3656.4（2020）
6	菲律宾	3298.8	3514.4（2020）
7	越南	2785.7	2498.1（2020）
8	老挝	2629.7	2152.6（2016）
9	柬埔寨	1543.7	1322.4（2020）
10	缅甸	1467.6	1549.0（2020）

按照世界银行 2020 年的最新划分标准，人均 GNI 小于 1036 美元的国家为低收入国家，人均 GNI 从 1036 美元到 4045 美元为中等偏下收入国家，人均 GNI 从 4046 美元到 12535 美元为中等偏上收入国家，人均 GNI 大于 12535 美元的则是高收入国家。

按照这种划分标准，在东盟十国中，新加坡和文莱属于高收入国家，马来西亚和泰国属于中等偏上收入国家，其他六个国家均属于中等偏下收入国家。这一方面体现了 21 世纪东盟国家经济取得了较快的发展，另一方面也反映出了这种发展并不均衡。其经济根据从强到弱的状况表现为：新加坡 > 文莱 > 马来西亚 > 泰国 > 印度尼西亚 > 菲律宾 > 越南 > 老挝 > 柬埔寨 > 缅甸。

人均 GDP 和人均 GNI 的统计只是反映了收入的差距，为了衡量联合国各成员国的经济社会发展水平，联合国开发计划署开发了一种新的统计方法，称为人类发展指数（Human Development Index，HDI），这是一种将寿命、教育和收入等因素结合得出的一个综合指标。为了对东盟十国的经济社会发展状况有更全面的了解，我们也结合联合国开发计划署的数据，对东盟十国的 HDI 指数进行了统计。由于间隔相近的几年 HDI 数据相差不大，为了能将近 30 年的数据变化在文章有限的篇幅中体现出来，我们以每 5 年为界限，对东盟十国的数据进行说明（见表 3 – 2）。

表 3 – 2　　东盟十国 HDI 一览表

序号	国家	1990 年	1995 年	2000 年	2005 年	2010 年	2015 年	2019 年
1	新加坡	0.721	0.774	0.821	0.874	0.909	0.931	0.938
2	文莱	0.767	0.790	0.802	0.822	0.827	0.838	0.838
3	马来西亚	0.643	0.682	0.723	0.730	0.772	0.796	0.810
4	泰国	0.577	0.614	0.652	0.696	0.724	0.749	0.777
5	印度尼西亚	0.523	0.560	0.603	0.632	0.665	0.695	0.718
6	菲律宾	0.593	0.609	0.632	0.654	0.671	0.701	0.718
7	越南	0.483	0.537	0.586	0.624	0.661	0.688	0.704
8	老挝	0.405	0.432	0.471	0.512	0.552	0.598	0.613
9	柬埔寨	0.368	0.391	0.424	0.494	0.539	0.570	0.594
10	缅甸	0.342	0.380	0.414	0.461	0.515	0.557	0.583

人均 GDP 代表的主要是经济发展水平，而人类发展指数（HDI）是一个综合指标的体现，满值为 1，0.800 以上为“极高”，0.799 ~ 0.700 为“高”，0.699 ~ 0.550 为“中”，0.549 以下为“低”。2019 年，达到“极高”标准的东盟国家有新加坡、文莱和马来西亚，达到“高”标准的国家为泰国、印度尼西亚、菲律宾和越南，老挝、柬埔寨和缅甸则为“中”。为了使数据显示更为直观，根据前面的数据，可以利用折线图进行表示（见图 3 – 1）。

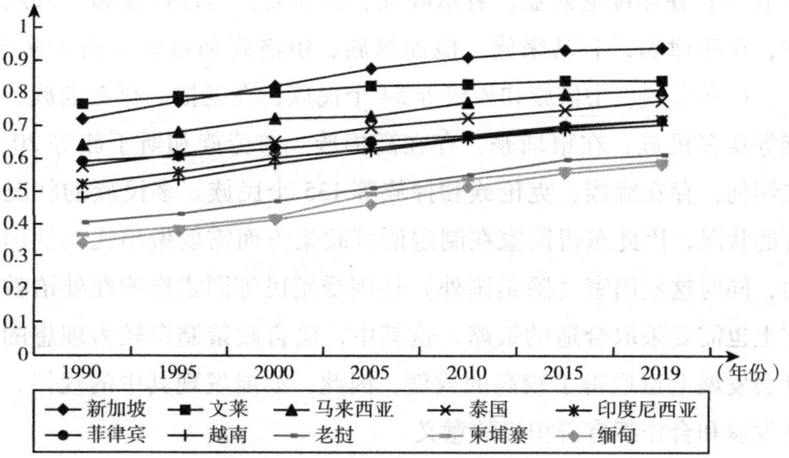

图 3-1　东盟十国 HDI 变化图

不管是采用人均 GDP 和人均 GNI 的概念，还是采用人类发展指数（HDI）的统计值，可以看出东盟国家的经济发展水平排序基本是一致的，一方面是十个国家存在发展水平的差异；另一方面还可以看出十个国家人们的生活状况在不断改善，尤其是新加坡发展速度较快，近些年遥遥领先。我们需要讨论的是，这是否与语言的状况有关，是否与各自的语言政策和语言规划有一定的关系呢？

其实在 Fishman（1968）、Pool（1972）、Nettle（2000）和曹贤文、张璟玮（2020）的研究中已经得出了较为明确的结论，即语言与经济存在必然的联系，而且这些学者采用了全世界近 200 个国家和地区的数据，因此统计结果也较为信服。我们需要继续分析的是，东盟十国具有共同的特殊性，即都是多民族多语言的国家，然而这些国家的经济社会发展水平存在很大的差异，是否在语言政策和语言规划上也有一定的差异呢？在本节，我们先对这些国家的语言状况进行梳理，第三节将对各国的语言政策和语言规划进行说明。

在东盟国家的语言状况方面，结合我国外交部网站数据、学者王晋军（2015）和王晋军、施黎辉（2020）对东盟国家语言状况进行的梳理，根据国别可以得到如下这样一些信息：在新加坡，存在华族、马来族、印度族和其他种族；在文莱，存在马来族和华族等民族；在马来西亚，存在马来族、华族、印度族和多个土著民族；在泰国，存在泰族、老挝族、华族和马来族等

30 多个民族；在印度尼西亚，有爪哇族、巽他族、马都拉族和马来族等上百个民族；在菲律宾，有马来族、他加禄族、伊洛族和维萨亚族等多个民族；在越南，存在京族、岱依族和傣族等 54 个民族；在老挝，存在老族、克木族和苗族等众多民族；在柬埔寨，存在高棉族、布劳族和斯丁族等 20 多个民族；在缅甸，存在缅族、克伦族和掸族等 135 个民族。多民族的状况孕育了多语言的状况，因此东盟国家在制定语言政策方面需要做出比其他国家更多的努力，同时这些国家（除泰国外）还因受殖民等因素影响在外语教育政策的制定上也需要采取合适的策略。这其中，语言政策制定较为理想的国家在经济社会发展上也取得了较高的成就，因此，如能发现其中的规律，对于区域经济发展和合作都有着积极的意义。

第三节　东盟国家语言政策的比较

一、官方语言、国语、通用语和母语的概念区分

在语言学名词审定委员会（2011）制定的《语言学名词》一书中，对于官方语言、国语、通用语和母语等概念有着比较明确的定义。官方语言的定义为：国家法定的国语或通用语，即用于政府、法庭和公务上的语言。国语的定义为：一个国家的政府规定的标准语或共同语。国语通常也是官方方言。通用语的定义为：一个国家或地区普遍使用的语言。母语的定义为：人在幼儿时期自然习得的语言，通常是第一语言。

在东盟十国，受历史因素和民族多样性的影响，在官方语言、国语和通用语等政策的制定上出现了诸多的博弈。这种博弈或需要考虑民族心理因素，或需要考虑与国际融合促进经济发展，而又由于这些国家本身存在多语现象，因此在语言政策和语言规划的制定上难度一般要高于世界其他国家。如果制定出了合理的政策，则整个国家团结统一，经济发展迅速；而如果制定的政策不甚合理，则民族较为松散，经济发展较为缓慢。因此，如果能够合理运用好官方语言、国语、通用语和母语等概念，制定合理的语言政策，一方面

可以使各民族团结统一，另一方面亦可以促进与世界沟通加速经济社会的发展。

二、东盟国家对于官方语言、国语、通用语和母语等政策的制定

前面我们提到了制定好官方语言、国语、通用语和母语等政策的意义，在东盟十国中，有些国家的语言政策起到了较好的作用，为了对这种状况有较好的了解，我们需要对这些国家的语言政策和规划进行说明。借助我国外交部网站关于东盟国家的相关数据，我们首先对这些国家的国语、官方方言和通用语等信息进行了一个整理（见表3－3）。

表3－3　　东盟十国国语、官方语言和通用语一览表

序号	国家	国语	官方语言	通用语
1	新加坡	马来语	英语、华语、马来语、泰米尔语	英语（行政用语）
2	文莱	马来语		英语
3	马来西亚	马来语		英语
4	泰国	泰语		
5	印度尼西亚		印度尼西亚语	
6	菲律宾	菲律宾语（他加禄语）	英语	
7	越南		越南语	越南语
8	老挝			老挝语
9	柬埔寨		柬埔寨语（高棉语）	
10	缅甸		缅甸语	

表3－3列举了东盟十国的主要语言概况。为了对各国制定国语或官方语言的情况有更深的认识，有必要了解“语言规划”或“语言政策”这个概念，通常这个研究在英文中被称为LPP（Language Planning and Policy）研究，约翰逊（2013：2－8）曾就这个概念进行了详细梳理，总的来说，其主要为国家政府对语言使用进行干预和管理的一种政策。我们主要研究东盟十国独立后的语言政策。这十个国家中，新加坡于1965年独立；文莱于1984年独立；马来西亚于1963年组成；泰国于1949年正式定名；印度尼西亚于1950年重新恢复为印度尼西亚共和国；菲律宾于1946年独立；越南于1975年南

北统一；老挝于 1975 年成立老挝人民民主共和国；柬埔寨于 1953 年独立；缅甸于 1948 年独立，但其后亦经历多次政变。可见，东盟各国都是在第二次世界大战以后才成为独立自主的国家，此时，为了经济社会的发展，制定相应的语言政策和规划是形势所需，而此时世界上比较规范的语言政策相关研究也处在发展阶段，因此各国的实际制定的语言政策往往是自发的，受到的指导较少。

在这些国家中，非常值得一提的是新加坡的语言政策。新加坡的语言政策是一个既体现了地理区域认同（以马来语为国语），又体现了人民的实际语言使用状况（以英语、华语、马来语和泰米尔语为官方语言），还从沟通效用最大化的角度以英语为通用语。因此可以说，新加坡的语言政策既符合地理的因素，又满足了人们的民族心理需求，最后还在语言使用上达到了效用的最大化。Chew（2016）对新加坡前总理李光耀的语言政策进行了概述，认为新加坡从 1965 年的第三世界国家到 1990 年一跃成为第一世界国家，李光耀在语言领域的成就也起到了重要的作用。当然，在实际的语言使用过程中，这种语言政策会有一个动态的演变过程，因为政府制定语言政策和规划后，普通民众也会根据自身的收益学习语言，因此语言的使用状态是在不断演变的，这将在后面根据动力系统理论进行一些说明。

在语言政策和语言规划的概念中，在 Cooper（1989）之后，通常分为语言本体规划、地位规划和习得规划三个部分。新加坡的语言规划首先考虑的是语言地位的规划，其官方语言政策宽容度较高。在语言本体和语言习得规划上，新加坡也是在逐渐的摸索当中，尤其是双语教育方面。双语教育的一个难点为除语言类学科外，其他学科如数学、物理和化学等的教学媒介语采用何种方案。有一个常理是，采用学生的母语进行学科教学，往往会取得较好的效果，而采用一种学生不熟悉的语言，由于理解度的影响，学生的学科学习效果会变差。另外，每个人的智力水平是不一样的，采用平均水平的双语教育可能适合一些学生，但也会使一部分学生疲于应付。新加坡的双语教育也遇到了这样的“瓶颈”，因此新加坡政府采用了不同年级语言分流的办法（王晋军，2015：94－95），这种方案既符合学生成长的特点，同时使语言及学科教育的效果得到了最大化。文莱自独立一年以后也采取了双语教育的体制，即马来语和英语双语的方案，且教育方案与新加坡有相似之处，年级越低，使用马来语授课越多，而年级越高，则使用英语越多。

东盟其他国家，从图 3－1 东盟十国 HDI 的变化图可以看出，马来西亚和泰国也有了较快的发展，这两国近些年在语言政策的制定上也逐渐宽容化，同时重视加强英语的教育。Coluzzi（2017）的研究中提出了在马来西亚由于三分之一的人口非马来族人而需要制定合理的语言规划，其认为“政府应努力以基于实际经济需要的制度取代目前基于种族的优惠待遇”（Coluzzi，2017：35），在 Azahari 和 Wan（2014：1）的研究中已经有类似的观点，且观点更为直接，其认为新加坡的语言政策是由语言的经济效用驱动的，而马来西亚最初是基于保护人口身份和培养公民的民族主义，而随着历史的发展，马来西亚在追随新加坡的脚步。另外，印度尼西亚、菲律宾、越南、老挝、柬埔寨和缅甸近些年也取得了一定的发展。但是一方面，其对于母语或多语的规划存在可改进之处；另一方面，其外语的优势并不明显，这在一定程度上影响到了这些国家的对外交往和经济进步。

Kachru（1985，1990）曾将英语圈划分为内圈（英语为第一语言）、外圈（英语为第二语言）和扩展圈（英语作为一种外语）并探讨其应用。内圈包括英美，以及 RCEP 国家中的澳大利亚、新西兰等；外圈则包括新加坡、马来西亚和菲律宾等，英语使用较为广泛；扩展圈国家则为将英语作为外语的国家，RCEP 国家中如中国、日本、韩国和印尼等。然而印度尼西亚、越南、老挝、柬埔寨和缅甸受荷兰、法国或西班牙等国殖民影响，也影响到了其外语政策的制定。另外，根据 Bolton（2008）的统计数据，其中涉及东盟相关国家的，这些国家掌握英语人口所占比的顺序几乎与经济发展的顺序保持一致（菲律宾除外），如表 3－4 所示。

表 3－4　　　　东盟国家英语掌握状况一览表

序号	国家	所属英语圈	掌握英语人口比例
1	新加坡	外圈	50%
2	文莱	外圈	39%
3	马来西亚	外圈	32%
4	泰国	扩展圈	10%
5	印度尼西亚	扩展圈	5%
6	菲律宾	外圈	48%

续表

序号	国家	所属英语圈	掌握英语人口比例
7	越南	扩展圈	5%
8	老挝	扩展圈	5%
9	柬埔寨	扩展圈	5%
10	缅甸	扩展圈	5%

注：根据 Bolton 2008 数据。

从表 3－4 可知，只有菲律宾的情况比较特殊，这可能与菲律宾英语的实际情况相关。王晋军（2015：144）认为，“他们所使用的是一种菲律宾式英语，而不是全球通用的标准英语”，这在一定程度上减少了沟通的收益。新加坡的标准英语水准也曾出现滑坡，但是新加坡政府开展的“讲标准英语运动”，自 2000 年开始每年开展，这对于保持英语的沟通性起到了重要的作用。

由于东盟的工作语言为英语，加入东盟后的相关国家在外语政策上也在向英语靠近。无论如何，英语是目前世界上使用国家最多、沟通度最强的语言，其影响力是毋庸置疑的。然而随着 RCEP 的签订，对于东盟国家来说，汉语、日语和韩语也是需要逐渐重视的。当然，对于中国、日本、韩国以及澳新来说，在外语教育中也需要逐渐重视马来语、泰语、印度尼西亚语、他加禄语、越南语、老挝语、高棉语和缅语等外语教育。

关于语言多样性是否真的与收入有关，前人学者（Fishman，1968；Pool，1972；Nettle，2000；曹贤文、张璟玮，2020）给出了较为明确的结论，但其背后的根源是什么，之前的研究并没有完全说清楚，我们的研究是通过各国间语言政策的比较得出一些推论。好的语言政策和语言规划是一个促进经济发展的好办法，虽然人均收入较高的国家大多是单语的国家，但是，语言多样性的国家同样可以使自身的经济得到较快的发展，跻身世界发达国家行列，这些国家往往在语言政策上的包容性和前瞻性是其他国家所不及的。

三、从动力演变系统看各国的语言政策

动力系统（Dynamic systems）理论，或者称为“动态系统”理论，该理论常常用于理工科，但是其亦可用于语言的发展变化研究。一个国家的通用

语往往是在国家政府的语言政策下并且受经济发展的影响动态变化形成的，因此动力系统理论可以对这种语言的变化进行分析，从而促进制定科学合理的语言规划策略。最早运用动力系统理论的研究可以追溯到2003年的一篇论文（Abrams and Strogatz，2003），该论文使用动力系统中的常微分方程描述了在双语竞争中某种语言的消亡趋势，并结合实际语言的例子进行了论证，这种自然现象对于放任的双语教育有着极大的启示意义。后来Mira和Paredes（2005）针对西班牙的语言变化提出了“语言相近可以维持”的观点；Minett和Wang（2008）对语言动态进行分析后还从语言地位等角度提出了语言维持的一些方案。本书在第七章中尝试运用动力系统理论对于少数种族语言的保护提出了一个阶段性最少投资方案，用阶段性的最少投资达到少数类语言保护收益的最大化和长期化，第十一章还对相关的数学研究方法进行了一些介绍和说明。一般来讲，动态的类型包括增长、减少和钟摆状态等，语言的变化发展也是遵循基本相似的规律，摸清语言的变化规律，制定相关的方案，从而或者促进语言发展，或者避免语言消亡，这些都可以起到更好的效果。

一般来讲，“语言规划”和“语言政策”这两个概念指的是官方层面制定的方案，其实在人们的日常生活中，家庭和个人亦可有自身的语言规划。对于东盟的国家来说，由于官方语言可能有数种，采用哪种作为家庭语言才有更好的效用，也是一个家庭的发展所需要考虑的。从动力系统理论来看，各国语言使用的变化，例如，马来西亚华人使用的华语从方言到普通话的转变，新加坡从四种官方语言逐渐过渡到一种通用语的转变，都是一种基于沟通收益的动态演变的结果。另外，少数民族语言较多的国家，在动态演变过程中，许多少数种族的语言是会逐渐消失的，这是否要采取一定的保护策略。然而这种演变是自然的，是经济发展的必然结果。如果为了经济发展，那么采用一种怎样的策略是更合理的呢？

在Coluzzi（2017）的研究中，提到在马来西亚马来语的地位规划情况并不是很成功，这其实从动力系统理论是可以看出一些端倪的，有些措施如能结合动力系统的规律，考虑到人们的语言沟通收益，似可以使政策更为有效。在Siemund和Li（2020）的研究中，其实已经描述出了类似动力系统下的结果，在新加坡，一个动态是从多语到双语模式的转变，即英语加一种官方语言，另一个动态是华人群体从方言到普通话的使用转变。动态的变化不一定是某种语言的使用人口仅变多或者仅变少，还可能是呈现一种钟摆的变化，Rahman 和 Singh（2021）的研究即体现了这种状态，虽然官方运用各种规划不断地重视马来语，影响到了英语的习得，但是英语的声望并未下降。可以看出，动力系统理论对于研究语言的变化以及提出一些有针对性的语言政策有着重要的作用，在第七章和第十一章我们会做进一步的说明。

第四节　东盟国家与 RCEP 其他国家语言经济状况的比较

RCEP 协议除东盟十国外，还包括中国、日本、韩国、澳大利亚和新西兰五国，为使区域间的经济社会合作更为顺畅，了解相关国家的语言经济状况以及相关的语言政策和语言规划，对于区域贸易等方面有着重要的促进作用。

从各国的国语、官方方言和通用语来看，日本和韩国的语言状况比较单一，日本为日语，韩国为韩语，澳大利亚的官方语言为英语，新西兰的官方语言为英语和毛利语，我国的通用语言文字为汉语普通话和规范汉字。澳大利亚和新西兰都为英语内圈国家，中国、日本和韩国都为英语扩展圈国家。在外语政策方面，中国、日本和韩国的第一外语都为英语，而澳大利亚的语言状况亦有一些特殊，根据我国外交部网站的信息，汉语为该国的第二大使用语言。总体来说，这五国的经济发展相对较好，根据世界银行的数据，其人均 GDP（2020）和 GNI（最近年份）如表 3－5 所示。

表 3－5　　RCEP 其他五国人均收入一览表

序号	国家	人均 GDP（美元）	人均 GNI（美元）（最近年份）
1	澳大利亚	51692.8	55554.9（2015）
2	新西兰	41441.5	40999.3（2019）
3	日本	40193.3	37638.8（2019）
4	韩国	31631.5	31597.0（2020）
5	中国	10434.8	10297.6（2020）

按照世界银行2020年对于收入划分的标准，超过12535美元的为高收入经济体，这五国中日本、韩国、澳大利亚和新西兰均属于高收入国家，中国则属于中等偏上收入国家。根据联合国开发计划署的数据，这五国的HDI如表3-6所示。

表3-6　RCEP其他五国HDI一览表

序号	国家	1990年	1995年	2000年	2005年	2010年	2015年	2019年
1	澳大利亚	0.871	0.888	0.903	0.906	0.930	0.938	0.944
2	新西兰	0.826	0.859	0.876	0.896	0.906	0.921	0.931
3	日本	0.818	0.842	0.858	0.875	0.887	0.908	0.919
4	韩国	0.732	0.783	0.823	0.860	0.889	0.907	0.916
5	中国	0.499	0.545	0.588	0.640	0.699	0.739	0.761

其发展趋势如图3-2所示。

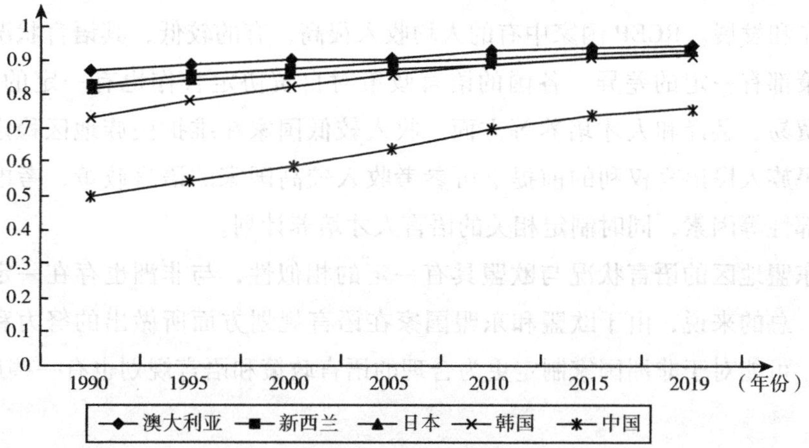

图3-2　RCEP其他五国HDI变化图

从图3-2的演变趋势可以明显地看出，我国的经济社会发展十分迅速，虽与其他四国有一定的差距，但是这种差距在逐步缩小。其他国家在语言政策的制定方面，也逐渐对于小语种越来越重视，如2021年新晋发达国家系列的韩国，其“特殊外语教育振兴计划”已经制定了两期，第一期为2017～2021年实施，第二期为2022～2026年实施。其计划中包含越南语、马来语、印度尼西亚语、泰语、缅甸语、高棉语、老挝语和他加禄语，也就是说囊括所有东盟国家的小语种。在 RCEP 区域一体化发展的同时，我国也应在小语种语言规划方面全面搜集数据，并结合与相关国家的合作情况，制定出合理的外语发展计划。

本章借助世界银行和联合国开发计划署等部门的数据，主要对东盟十国的语言和经济情况进行了探讨，同时还对 RCEP 其他五国的语言经济发展状况进行了简述。我们对语言多样性和经济发展相关性的先行研究（Fishman，1968；Pool，1972；Nettle，2000；曹贤文、张璟玮，2020；等等）表示认可，但是，先行研究对于语言多样性与经济的联系背后的一些原因并没有发掘，本章从语言规划和语言政策的角度给出了一些推测。结论即不管是语言多样性还是语言单一的国家，一个从国情出发的、宽容的、向未来的语言规划对于经济社会发展有着重要的促进作用。从经济社会发展的角度来看，不建议采用不符合国情的、狭隘的、极端民族主义的语言政策。

总的来说，合理的语言政策既能维护地区稳定，也可促进各国经济社会的合作和发展。RCEP 国家中有的人均收入很高，有的较低，其语言状况和语言政策都有一定的差异。各国的语言政策对自贸协定合作也有一定的意义，如在贸易、翻译和人才培养等方面。收入较低国家在维护民族地区稳定、尊重各民族人民语言权利的前提下可参考收入较高国家的语言政策，考虑语言的外部性等因素，同时制定相关的语言人才培养计划。

东盟地区的语言状况与欧盟具有一定的相似性，与非洲也存在一定的相似性，总的来说，由于欧盟和东盟国家在语言规划方面所做出的努力和一些成绩，可能对于非洲国家制定更为合理的语言政策和语言规划也有一些启示。

第四章　语言经济学视域下中日韩的语言与语言推广

中国、日本和韩国的语言既有诸多相似，更有诸多不同。我们在第二章从经济学视角探索了其文字使用状况的差异及原因，在本章中探索其语言和语言推广问题。第一节探讨中日韩的语言与经济，大致了解其语言与经济的关系。在第二节，我们从市场和福利经济学的角度探讨语言推广问题。从语言推广机构来说，中国有孔子学院，日本有国际交流基金会，韩国有世宗学堂，各自的投入与语言推广方式有一定的差异，也有互相借鉴之处。在第三节探讨三个国家的流行语的差异，因为流行语的内容往往在一个侧面反映了当地的经济社会发展的状况。

第一节　中日韩的语言与经济

中国、日本和韩国不仅是在亚洲较有影响力的国家，也是在世界上较有影响力的国家。日本在20世纪70年代就已经成为发达国家，韩国在2021年被正式认定为发达国家，中国的经济实力也在迅速提升，目前已经是世界第二大经济体。总体而言，三个国家的经济实力在国际上都具有重要的影响力（见表4－1）。

表4－1　　中日韩三国经济概况

国家	主要语言	人口（亿）	GDP世界排名（2020年）	人均GDP（美元）
中国	汉语	14.13	2	10434.8
日本	日语	1.25	3	40193.3
韩国	韩语	0.52	10	31631.5

从总的GDP世界排名来看，根据世界银行的数据，三个国家在2020年都进入了前十名，中国和日本列第二、第三位，韩国排在第十位，都体现出了雄厚的实力。当然，我国的人均GDP相对来说与日本和韩国还有一定的差距，但是这种差距也在迅速缩小。这从世界银行网站给出的中日韩三国GDP发展趋势示意图可以明显看出（见图4－1）。

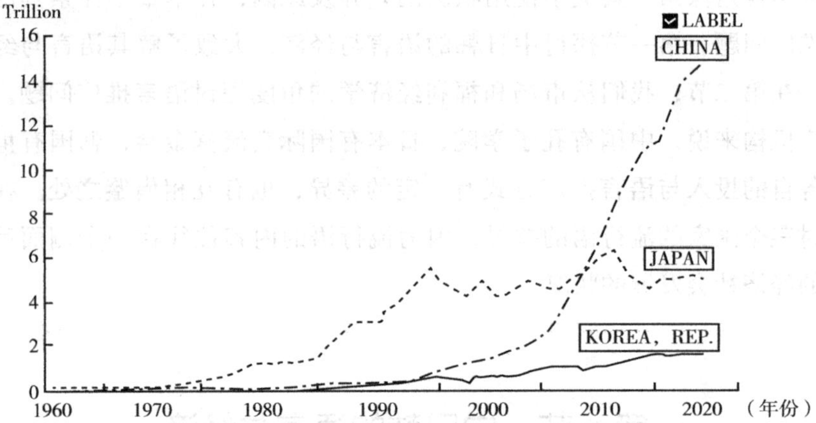

图4－1　中日韩三国GDP发展示意图

资料来源：世界银行网站。

在语言使用方面，日本和韩国的语言较为单一，中国虽然有诸多的方言和少数民族语言，但是从通用性角度来讲，汉语普通话已占有绝对的优势，根据教育部2022年6月28日新闻发布会的信息，全国普通话的普及率已达到80.72%，这对于人们的沟通交际起到了极大的促进作用。一个国家具有一种沟通性较强的语言，减少了交际成本，这对于经济发展的促进作用可以说是无疑的，而且经济的发展也会促进人们更多地使用这种沟通性较强的语言。当然，这并不是说对于其他语言不需要进行保护，对于方言和少数民族语言保护也有着极其重要的意义，这一点我们将在第七章展开详细说明。

有了一个使用较为一致的语言，不仅对于本国的经济发展具有促进作用，同时对于衡量语言距离也有了一个基准。在经济学的引力模型中，语言距离和国际贸易量的相关度已经得到了诸多学者的证明（Hutchinson，2005；Lohmann，2011；Isphording and Otten，2013；Fenske and Namrata，2021），语言距离对于中国的对外贸易量的影响也有较为详细的说明（徐珺、自正权，2017；Vlasenko，2020）。总的结论是，两国之间语言距离越近，其贸易额就越高，而语言距离越远，则贸易额就会降低。当然，不同的国家其相关系数有所不同。

语言距离的研究虽然大多是对具体经济事实的实证分析和描述，提出的建议不多，但是上述结论也印证了这样一个内涵，即如果能够降低语言距离的话，可以促进国际贸易的发展，关键是语言距离是否真的可以缩短。根据苏剑、黄少安（2015）和苏剑（2015：60）以及崔萌、张卫国、孙涛（2018：281）的总结描述，衡量语言距离的方式主要分为四种：虚拟变量法、语言考试测评法、WALS 指数法和编辑距离法。不同的语言距离计算方式意味着可以通过一些方式缩短语言距离，其中最容易考虑的是考试测评法，虽然以往的研究针对的主要是英语类考试，但是从中国、日本和韩国的角度，亦可以进行分析，中国有 HSK 汉语水平考试，日本有 JLPT 日本语能力测试，韩国有 TOPIK 韩国语能力考试，语言的推广策略可以使学生对于这些考试更为熟悉，对于对方的语言也可以有更多的掌握，分值也极有可能越来越高。

语言距离的差异一方面是语言本体的不同，另一方面也蕴含着文化的差异。从测试角度来看，三个国家都有自己的官方语言测试，降低语言距离的一个重要办法就是推动自身的语言传播、推动考试辅导等，这一点三个国家通过设立语言推广机构等方法都做出了积极的努力。

降低语言文化距离的另一个途径是自然发生的，随着国际交往的增加，语言也在不断融合，如汉语本体研究中提到的汉语语法欧化现象，汉语、日语和韩语互相还有诸多的借词。另外，由于英语世界经济科技实力较早地发展，三个国家从英语中也借用了较多的词汇，日语和韩语对这些借词大多采用音译的形式，这些都可以算是语言距离逐渐降低的表现，因为在实际的交往中，这些借词使双方即使都没有学过对方的语言，也能进行一定程度的沟通。

由于语言推广对于缩短语言距离和文化距离可带来一些积极影响，如果可以制定相关政策，推进自身语言推广，也是促进国际贸易发展和经济合作的重要办法。三个国家设立的官方语言推广机构可以进一步制定理性化策略，在减少语言距离和文化距离方面发挥更加积极的作用。

第二节　中日韩语言推广的比较

前面我们提到了中日韩三国的语言推广机构，即中国的孔子学院、日本的国际交流基金会以及韩国的世宗学堂，按照时间顺序，日本国际交流基金会于 1972 年成立，我国的孔子学院于 2004 年创办，韩国的世宗学堂于 2007 年开始运营。当然类似的语言推广机构不仅存在于东亚，在西方国家也有许多，如德国的歌德学院、法国的法语联盟和西班牙的塞万提斯学院等，这些机构在促进语言传播和文化交流方面发挥了重要的作用。从经济学的角度来看，一方面这可以缩短语言和文化间的距离，促进国际贸易的发展，起到了良好的外部性；另一方面是使语言消费者剩余增加，同时还促进了自己语言的传播，增加了自己国家的就业，也就是说，增加了生产者剩余。本节借助市场和福利经济学原理，对中日韩的语言机构进行一些分析比较，以期各取所长，为世界经济发展能够助一份力。

一、社会福利理论与语言推广机构

在探讨官方语言推广机构之前，我们来谈一谈福利经济学（welfare economics）的理论。曼昆（2015：143）认为，福利经济学是“研究资源配置如何影响经济福利的一门学问”。福利是说要考虑买者和卖者的利益，而市场化的供求均衡可以最大化两者的总利益。此时，就社会福利角度而言，两者的总剩余达到最佳。然而，由于信息并不完全，使语言推广机构和语言消费者的剩余往往达不到这种均衡。由于语言学习者一般需要交纳学费和花费时间去学习一门外语，我们可以把他们看作“语言消费者”，而语言推广者要考虑语言推广的成本和收益问题，可以把他们看作“生产者”。

在分析这种均衡时，需要计算消费者的剩余（consumer surplus）和生产者的剩余（producer surplus）问题。消费者的剩余指的是消费者愿意为一种商品所支付的价格减去实际所支付的价格，一般来讲，只要商品价格不超出自身的预期，那么消费者就愿意购买，因为此时消费者是有剩余的，而如果商品价格超出了自身的预期，那么消费者就不愿意购买了，因为此时的消费者剩余为负。假设消费者剩余为 L_s，他所愿意付出的价格为 p_1，商品的实际价格为 p_t，那么两者相减即为消费者的剩余值。

$$L_s = p_1 - p_t \tag{4-1}$$

生产者的剩余指的是，生产者出售其产品时的价格减去产品的成本，这一点是较为容易理解的。也就是说，当其产品价格越高、成本越低时，生产者的剩余也就越多。假设生产者剩余为 G_s，他销售时的价格即为消费者所购买时的价格，所以为 p_t，假设其成本为 c_t，那么两者相减即为生产者的剩余值。

$$G_s = p_t - c_t \tag{4-2}$$

消费者和生产者是市场上的两个主体，从福利经济学的角度来说，只有消费者和生产者的剩余达到最大化，社会福利才为最佳。很明显，社会总剩余等于消费者剩余与生产者剩余之和，将前面两个公式相加，可得：

$$T_s = p_1 - c_t \tag{4-3}$$

也就是说，社会的总剩余等于消费者愿意付出的价格与生产者的成本之差，运用图形来说明的话，即为图 4-2 阴影中的面积之和。

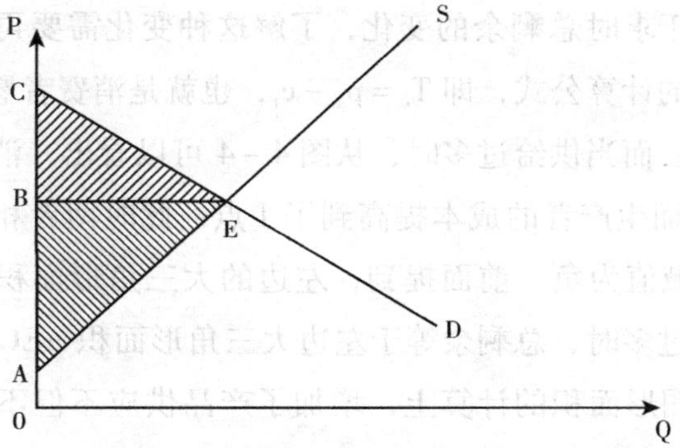

图 4-2　最佳社会总剩余示意图

“看不见的手”的作用往往可以使市场达到均衡状态。在图 4 -2 中，E 点是供求的均衡点，此时社会的总剩余为△AEC 的面积，△BEC 的面积为消费者剩余，△AEB 的面积为生产者剩余，在均衡点两者都达到最佳状态。

由于目前中日韩的语言推广机构主要为官方主导，虽然也可能达到供求的均衡，但还可能会出现的问题是一方面是供少于求，另一方面是供大于求，我们来分析这两种情况所形成的总剩余状况（见图 4 -3）。

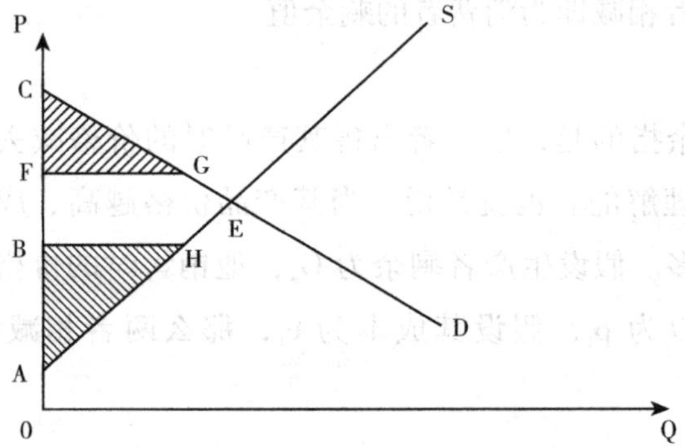

图 4 -3　供少于求时总剩余示意图

由于供少于求，学习成本较高（G 点），因而此时愿意为学习某一种语言所付出费用的语言消费者比例不高，人数依旧可以增加。对于生产者来说，说明其推广不足，因此生产者会继续进入市场，直至达到图 4 -2 的情况。在图 4 -3 中，语言消费者剩余为 FGC，生产者剩余为 AHB，很明显社会总剩余并未达到最佳。

再来看供大于求时总剩余的变化，了解这种变化需要再复习一下我们前面提到的总剩余的计算公式，即 $T_s = p_1 - c_1$，也就是消费者愿意付出的费用减去生产者的成本。而当供给过多时，从图 4 -4 可以看出，消费者的支付意愿降低到了 K 点，而生产者的成本提高到了 J 点，此时两者相减为负数，也就是说，EKJ 的区域值为负。前面提到，左边的大三角形面积是最佳的社会福利状态，在供给过多时，总剩余等于左边大三角形面积 AEC 减去右边小三角形面积 EKJ。在图形面积的计算上，增加了产品供应不但不会增加社会总剩余，反而减少了，体现出了“过犹不及”的状态（见图 4 -5）。这种“过犹不及”也可以理解成“物以多为贱”。

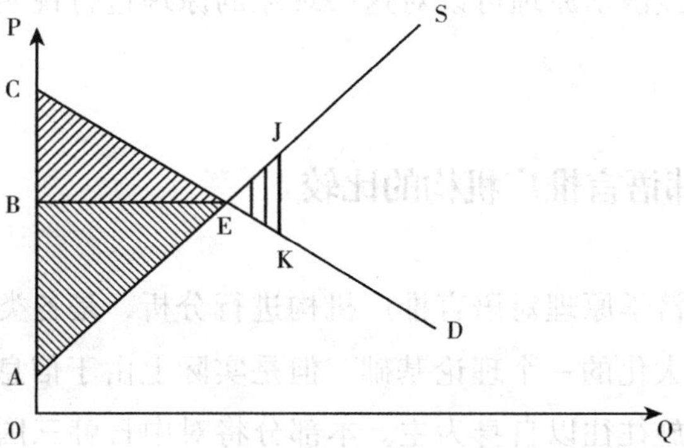

图 4-4　供大于求时总剩余示意图一

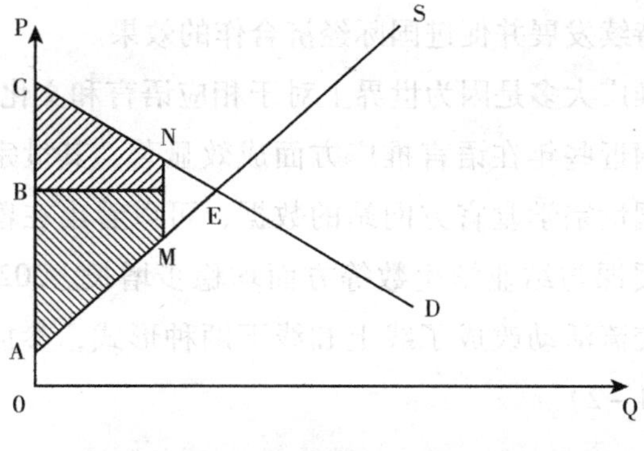

图 4-5　供大于求时总剩余示意图二

对于各国的语言推广机构以及不同国家学习外语的人群来说，语言推广机构可以被看作是生产者，而语言学习者可以被看作是消费者。根据消费者剩余的理论，语言推广机构大部分的做法是只增加消费者剩余，却往往对自身的剩余不太关心。但是语言推广机构也应考虑市场化的倾向，在均衡点（E点）时，达到社会福利的最大化。

了解了上述观点，除了官方的语言推广机构外，民间的语言教育机构也可以逐步进入市场进行竞争了，由于民间语言教育机构的逐利动机，在成本高于均衡点时，其一般不会进入市场。然而，如果官方语言推广机构设立太多，本身已经超过均衡点，则民间语言教育机构很难进入国外进行竞争。

虽然目前的官方推广机构大多是从增加消费者剩余的角度出发，若矫枉过正，只考虑增加生产者的收益，只增加生产者剩余，则可能走向另一个极端，因此，运用经济学原理可以对这一现象的原理进行说明，从而实现市场的最佳效率。

二、中日韩语言推广机构的比较

运用福利经济学原理对语言推广机构进行分析，是各类语言推广机构实现社会总剩余最大化的一个理论基础，但是实际上由于信息不畅等原因，语言推广机构的措施往往以自身为主。本部分将对中日韩三国的语言推广机构进行一个比较，了解其大致发展概况及成效。在此基础之上，如果各国能够掌握足够的信息，且使自身的语言推广能够符合市场规律，吸引民间资本，则可最终起到可持续发展并促进国际经济合作的效果。

各国的语言推广大多是因为世界上对于相应语言和文化的需要而产生的，不仅是我国，韩国近些年在语言推广方面成效显著，其世宗学堂近些年在稳步推进，根据韩国世宗学堂官方网站的数据，可以看出在覆盖国家和地区数量、学堂数量和授课与结业学生数等方面均稳步增长。2020 年受疫情影响，世宗学堂的文化交流活动改成了线上和线下两种形式，参加者总数还是有较大的提升（见表 4－2）。

表 4－2　　韩国世宗学堂概况

年份	覆盖国家和地区数	学堂数量	授课学生数	结业学生数	文化交流活动人数
2017	54	171	56202	18341	4301
2018	57	172	61810	20022	8058
2019	60	180	72713	21457	12625
2020	76	213	76528	22167	6200（线下）；12082（线上）

日本国际交流基金会的年度报告也体现出了其在日语推广方面的努力。中日韩语言推广机构的主要措施具有一些相似性，如开设语言文化课程、规范语言考试、进行教师派遣以及开办网络学堂等。目前来讲，中国、日本和韩国的语言推广都着重于增加语言学习者的剩余部分，也就是说，语言学习者可能打算学习某一种语言，虽然其对于学习这种语言有一定的价格预期，但是语言推广机构采用免费或者极少量学习费用的方式，使语言学习者的剩

余加大，这时学习者的动力更为充足，而且会增加学习者的数量。一般来讲，语言推广促进了语言学习者的学习，减少了文化隔阂，甚至一些文化的特质会吸引到更多的旅行者，这些年，赴中日韩的外国游客人数增加，语言的推广起到了一定程度的作用。语言推广不只是针对国外的外国人，也可以针对本国内的外国人进行语言推广，韩国和日本在这方面做出了许多的努力，他们在本国设立了许多语言学习的免费辅导机构。语言推广还可以对走向国外的本国人后裔进行语言学习支持，日本2011年出台了《日裔定居外国人政策行动计划》，其中对于语言生活的支持力度较大。

近些年，各国针对东南亚国家的语言推广更为重视，如日本国际交流基金会实施的日语预备教育事业中针对打算赴日的印度尼西亚和菲律宾的护士和护理师报名者进行日语培训，还在2014年成立继日美中心和日中交流中心之后的第三个中心“亚洲中心”，并计划2020年以前派遣3000名志愿者赴东南亚日语教育机构（国家语委《世界语言生活状况报告2021》：188－189）。韩国2019年在老挝开设了第一所世宗学堂（国家语委《世界语言生活状况报告2021》：182），韩国的亚洲发展基金会投入1500万韩元推动印度尼西亚的某少数民族语言进行韩文表记（国家语委《世界语言生活状况报告2021》：308），这可以算是文字的推广。包括东南亚国家（除文莱外），我们国家在RCEP国家也开设了孔子学院（课堂），这对于将来的经济合作发展也会起到重要的作用，其中日、韩、澳、泰和印度尼西亚数量较多，而其他国家的数量尚且较少（见表4－3）。

表4－3　孔子学院在RECP国家分布表

国家	日本	韩国	澳大利亚	新西兰	泰国	印度尼西亚	马来西亚	菲律宾	柬埔寨	老挝	新加坡	越南	缅甸	文莱
学院	14	24	13	3	16	8	5	5	3	2	1	1	0	0
课堂	2	4	6	0	11	0	1	0	0	0	2	0	3	0

资料来源：孔子学院网站。

语言推广机构对于生产者剩余考虑的还较少。正如我们前面分析的，在市场规律下，如果使社会福利达到最大化，是应当考虑语言推广机构的成本的，这也是语言推广可以持续发展的一个重要方向。其实，有些西方的语言推广机构在这方面已经做得较好，如西班牙塞万提斯学院 2017 ~ 2018 年的资金自给率提高到了 46.5%（国家语委《世界语言生活状况报告 2020》：175），英国的文化教育协会在 2017 ~ 2018 年的财务报告中净收入达到 560 万英镑（国家语委《世界语言生活状况报告 2020》：169），歌德学院通过语言课程收入等措施也逐渐实现了一些收支平衡（国家语委《世界语言生活状况报告 2020》：174）。

实现生产者剩余的措施主要有语言课程的收益、教材收益和考试收益等，其收入可视为语言推广机构剩余的增加，而这种剩余增加对于聘请语言教师、组织文化交流以及建设网络课堂等具有积极作用，从而形成语言学习和收益增加的良性循环。

另外，从生产者的理论角度，投入越多也未必产出越多。在其他生产要素一定的情况下，某一种生产要素的增加是存在边际收益递减的。在对市场需求了解不足的情况下，过多的投入不仅起不到促进效果，甚至还可能呈现负面的影响。这一点的直观原因比如说，国外学习某种语言的学生数量并不多，但是推广机构却花费了大量的人力和物力，成本过高而收益却降低，如果对方再出现一些类似“文化入侵”的误会，则更得不偿失了。

三、缩短语言距离可能是一种“搂草打兔子”的实现

其实，语言推广机构设置的初衷，可能并未想到可以缩短语言距离，进而促进贸易和经济发展。各国语言推广机构大多是为了增进与世界各国的语言文化交流，加强国际间的相互了解，日本和韩国的语言推广机构还着重考虑了劳工的语言水平对于在本国内更好的工作目标的实现，但总体上来说是以增进友好交流为目标的。

但不管最初的目标为何，其中积极的作用是很多的。一方面是最初目标的实现，另一方面就是对于语言距离所起到的作用。有的语言推广机构存在的缺点是：在自身未来的可持续运营方面考虑较少，因为仅从官方投资的角度，这种成本是较大的，从比较单纯的收益来看确实有些许不足，前面我们也从经济学福利理论的角度进行了探讨，希望不仅要实现消费者的剩余最佳化，同时也要实现“生产者”的剩余最佳化，达到市场的均衡。但是，这种

考虑也有一定的片面性，因为语言推广会有很多的正外部性，如对于缩短语言和文化距离的影响，进而正面影响到国际贸易的合作与发展。在 Lien 等（2012）的研究中，孔子学院对于中国对外贸易量的增加影响是很明显的，但这种积极的影响主要是体现在发展中国家，对于发达国家来说并不显著，这其实也对孔子学院以及其他国家语言推广机构进一步的推广策略有一些启示作用。

市场虽然是有效率的，但是亦需要官方的合理调控。因为语言的使用还会出现网络外部性的影响，即当一种语言推广程度较好时，使用这一种语言的人数增加，增加了这种语言的沟通收益，因此语言消费者对这一种语言的评价提升，这可以使需求曲线上移，最终可大量增加社会的总剩余，然而为达到这种效果前期需要付出较多的成本才能够实现。同理，如果供给者通过各种方式降低成本，使供给线右下移动，同样也可以实现社会总剩余的增加。为了实现这些目标，在官方调控层面，除持续性的供给外，还可以在创造需求方面做出努力，同时在语言人才培养方面根据供求关系制定政策，也可以与国外机构合作时达成更好的合作协议等。

第三节　中日韩的流行语

本节对中日韩近两年（2019～2020 年）的流行语进行比较说明。流行语是经济社会发展到某一阶段时的一些特殊语言产出，这些语言可能仅存在于某个时期，也可能最终进入普通的语言生活中。流行语的产生与社会经济发展密切相关，而语言的使用则与模因有很大关系，具有更好交际价值的流行语往往流行度更高。

一、中日韩流行语的内容

首先，借助我国国家语言资源监测与研究中心的汉语年度流行语数据，以及国家语言文字工作委员会组编的《世界语言生活状况报告 2021》相关内容对中日韩三个国家的网络流行语进行一个梳理（见表 4－4）。

表 4－4　　中日韩 2019～2020 年十大流行语

国家	2019 年	2020 年
中国	不忘初心； 道路千万条，安全第一条； 柠檬精； 好嗨哟； 是个狼人； 雨女无瓜； 硬核； 996； 14 亿护旗手； 断舍离	逆行者； 秋天的第一杯奶茶； 带货； 云监工； 光盘行动； 奥利给； 好家伙； 夺冠； 不约而同； 集美
日本	ONE TEAM（团结一致）； 計画運休（计划停运）； 軽減税率（轻减税率）； スマイリングシンデレラ（微笑的灰姑娘）； タピる（喝珍珠奶茶）； #Ku Too（痛苦高跟鞋）； ○○ペイ（○○支付）； 免許返納（返还驾照）； 闇営業（接私活）； 令和（令和）	3 密； 愛の不時着（爱的迫降）； あつ森（动森）； アベノマスク（安倍口罩）； アマビエ（尼彦）； オンライン○○（在线○○）； 鬼滅の刃（鬼灭之刃）； Go toキャンペーン（Go to 运动）； ソロキャンプ（独自露营）； フワちゃん（福娃酱）
韩国	꾸안꾸（自然美）； 꾸안꾸（学习生活两不误）； 스라벨（冻死也要喝冰咖啡）， 얼죽아（随缘相遇）， 자만추（虽败犹荣）， 제곧내（题目即内容）， 닉값（昵称值）， 뽀시래기（萌萌哒）， 탕진잼（挥霍的乐趣）， 내또출（明天还上班）	쌉파서블（一切皆有可能）， 이생망（今生砸了）， 코로나 블루（新冠肺炎忧郁症）， 집콕족（宅家一族）， 상상코로나（新冠肺炎臆想症）， 코로나케이션（新冠肺炎假期）， 재택경제（宅家经济）， 확찐자（疫情胖）， 돌밥돌밥（做饭做饭）， 언택트（非接触）

语言反映社会，从 2019 年的普通百姓生活到 2020 年的新冠肺炎疫情，语言对于社会生活的百态反映得淋漓尽致。2019 年，三个国家的经济社会都发展较快，所以流行语会反映积极生活的一面，如我国的“不忘初心”“好嗨哟”和“硬核”等，日本的“喝珍珠奶茶”，韩国的“自然美”和“学习生活两不误”等，但是也反映了各国当下社会存在的一些问题，如我国的“道路千万条，安全第一条”，虽然其因为电影《流浪地球》而流行，但是亦反映

诸多城市中道路交通的安全问题，许多城市的违章率还是较高的，因此人们内心中自然而然地希望大家更要注意行车安全问题，日本的“轻减税率”则反映了税收的一些问题，“返还驾照”则反映出了老年人驾车的安全问题，韩国的“明天还上班”则反映出了繁重的加班文化给人们带来的压力。

2020 年由于新冠肺炎疫情爆发的原因，疫情的一些状况也反映在流行语之中，但是三个国家体现的内容有所不同。我国的“逆行者”“云监工”等词汇体现了疫情初期各行各业人们的共同抗疫努力，日本的“3 密”指的是不进入密闭空间、不要人员密集、不要亲密接触，反映了抵抗疫情的个人保护措施，由于疫情过于突然也会出现“安倍口罩”的情况。韩国 2020 年的流行语几乎都与疫情有关，“新冠忧郁症”“新冠臆想症”指的是因为新冠产生的心理问题，“宅家一族”“疫情胖”和“做饭做饭”等词汇则反映了由于疫情居家而造成的身体和生活变化。

二、语言本体中的经济性

经济学的概念是指使用有限的资源实现最大化的效用。语言本体的使用也可以进行类似的分析，这可以分成两个层面：一是运用等量的词汇表达更多的意思和内涵，体现在词汇意义的演变、歇后语和俗语等语言的使用；二是表达等量的意思和内涵时，运用更少的词汇量，这一点日常生活中有许多，如汉语中喜欢用双音节词来表达更多的词汇组合，如各类大学的称呼，英语中则喜欢用几个大写字母的组合等。从经济学的角度来看，用等量的词汇表达更多的意思体现的是交际收益的增加，表达等量的意义采用更少的词汇或者字数，体现为成本的降低。

流行语不仅反映社会文化等方面的变化，还体现了语言使用的经济性。从中日韩的流行语来看，前面提到的“收益增加”和“成本降低”都有诸多的体现。在“收益增加”层面，如，汉语中的“是个狼人”“柠檬精”和“秋天的第一杯奶茶”，日语中的“喝珍珠奶茶”和“安倍口罩”，韩语中的“想象新冠（新冠肺炎臆想症）”等。在“成本降低”层面，韩语流行语的特征最为明显，如其中的“学生平（学习生活两不误）”是韩语音译英语“学习（study）”“生活（life）”和“平衡（balance）”三个词汇的缩写，“明达上（明天还上班）”是韩语“明天”“还要”和“上班”三个词汇首字的组合，“题即内（题目即内容）”中“题目”和“内容”也是仅用的首字，等等，体现了韩语灵活运用的一面。汉语和日语的流行语中也有“成本降低”的现象，但是不多，如汉语流行语中的“996”表示“从早 9 点到晚 9 点，一周工作 6 天”，日语中的“3 密”表示“不进密闭空间”“不密集”和“不亲密”等。

三、流行语的演化

笔者曾尝试运用博弈论的方式分析语言的使用，其中也涉及了对于流行语和一般语言博弈的分析（李龙，2021：60），流行语的使用大多存在于青年人之间，互相需要理解词汇的内涵和外延，而如果与不懂此流行语的聊天，则收益明显降低。而流行语能否一直使用下去，一方面是根据社会发展的需要，另一方面是人们的使用频率。

单从人们的日常语言使用角度而言，流行语能否成为正式的语言，要看是否是个演变稳定策略。如果流行语的使用不是一个演变稳定策略，那么其很快就会消失在历史的长河中，而如果其使用是一个演变稳定策略，那么其会进入日常经典的语言生活中，成为正式语言的一份子。语言具有一些共通性，演化博弈论的概念可以运用到各类语言的分析中。

第五章 语言经济学视域下国际语言教育市场供求关系分析

第四章提到了语言推广，这需要考虑市场的概念。本章主要探讨语言教育市场的理论模型，借鉴经济学中的需求、供给、消费者效用、外部性和厂商均衡等观念，对国际语言教育市场做出一个理论的探讨。主要目的为通过经济学的分析，一方面可以对语言教育机构的盈利性模式做出一些探索；另一方面可以了解到消费者的行为选择模式，从而从市场角度对语言推广提出一定的建议。

第一节 运用经济理论分析语言教育产业的必要性

世界上的诸多国家都存在第二语言的教育，这与全球化有着密不可分的关系。这些国家的人们为了在国际化中争得一些发展先机，必然会对某一门具有强网络外部性的语言进行学习，这体现了人们学习语言的“效用”。从官方的角度，有的国家甚至直接指定了两种语言以上的官方语言政策，这也与语言使用的“效用”和“外部性”是相关的。

由于存在“效用”的原因，使大部分国家存在第二语言教育的市场，语言就像商品一样在这些国家“售卖”，消费者通过付出一定的时间和费用来学习这些语言。同其他商品的国际贸易规则一样，一个国家往往更喜欢促进自己商品的出口，语言也不例外。推动“语言”出口的办法有很多，设立语言推广机构是其中较为直接的一个途径，目前世界上有许多国家积极推广自己的语言，第四章提到，仅就 RCEP 国家来说，中国有孔子学院，日本有国际交流基金会，韩国有世宗学堂，都在教师派遣、语言学习和文化交流等方面有着一定的相似性做法。除此之外，欧洲许多国家也有自己的语言推广机构，如德国的歌德学院、法国的法语联盟和西班牙的塞万提斯学院等，都在自身的语言推广方面做着一定的努力。

成立语言推广机构，利用语言的网络外部性，对于扩大某种语言的影响具有积极的作用。但是，有些施舍性质的语言推广政策有其局限性，甚至可能遭到某些国家的猜忌，因此，制定理性化的语言推广政策，采用符合市场化的战略，对于语言推广的可持续发展乃至整个语言产业的发展，都有着积极的作用。在国际语言教育市场，如欲形成一个良好的第二语言教育循环，需要一个自然的经济机制的存在，而这种机制怎样形成，怎样按照规律进行投资和规划，可借鉴经济学中的理论进行一个理性化的探讨。

经济学理论在语言教育产业中可以有着合理的运用。首先，语言的学习者，也可以称为第二语言的消费者，他们通过学习这些第二语言获得自身的效用，如升学、就业等；其次，对于语言教育机构而言，可以理解为语言的“生产者”或者“售卖者”，通过进行第二语言的培训，可取得经济上的收益，亦可增加就业，进而可以实现收益最大化与可持续发展。当然，语言推广还需要考虑到其他一些因素，这里我们仅从经济学的模式进行一些简约模型化的分析。

第二节　语言的市场

一、语言市场供给与需求的基本模型

供给与需求是市场的基本概念。将语言教育产业看成一个市场，需要了解在这个市场中的需求方与供给方。需求方可以认为是每个国家有第二语言需求的人们，他们的第一语言是母语，一般已经掌握得较好，但是仅仅掌握

母语并不能实现一个经济目标（如升学、找到满意的工作）时，学习第二语言往往可以促进其达到这一目标，这时第二语言的教育就有了一定的市场。有了市场的需求方，则必然会出现市场的供给方。目前世界上最重要的语言主要为英语、法语、俄语、汉语、西班牙语和阿拉伯语等（联合国六大官方语言），因此大多数的语言教育机构主要培训这几种语言，乃至国家的官方语言制定或语言政策也围绕这些语言展开，如在中国，高考以及研究生入学考试必须测试英语，而在外语类研究生招生考试时，还需测试第二外语，这些外语主要包括法语、俄语、西班牙语和阿拉伯语等，受国际贸易、地理距离和科研合作等因素影响，也有许多学校会将德语和日语定为第二外语考试科目。很明显，这说明这些第二语言和第二外语教育都是存在需求的，语言教育机构也可以利用这些需求进行“主动”的供给。

在语言市场中，语言学习者可以对于商品进行选择，即选择学习哪种语言。生产者是语言教育机构，他们供给着不同的语言教育。经济学中的一个基本概念就是，就生产者的角度而言，当商品价格越高时，供给就越多（见图5－1）。就消费者角度而言，当商品价格越高时，需求往往会越少（见图5－2）。当然不同的商品（语言）由于价值的不同，其价格也是不同的。

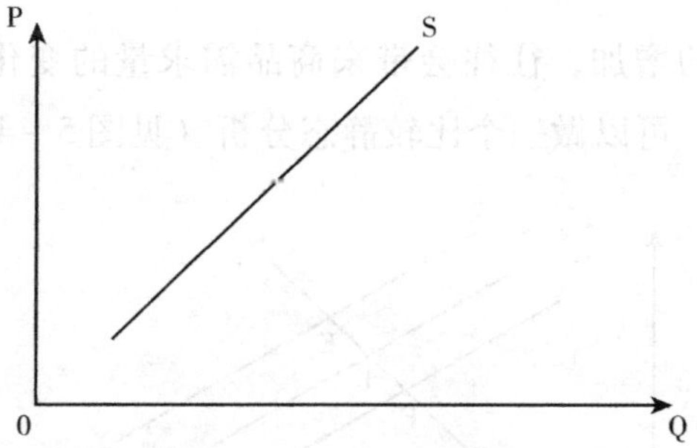

图5－1　商品供给曲线

从市场角度看，对于消费者（语言学习者）来说，目标为实现自身效用的最大化；而对于生产者（语言教育机构）来说，则以实现自身的利益最大化为目标。了解了语言教育机构和语言学习者之间的关系，就对语言教育市场的价格均衡可以有初步的了解，两者的交点是市场的均衡价格（见图5－3）。

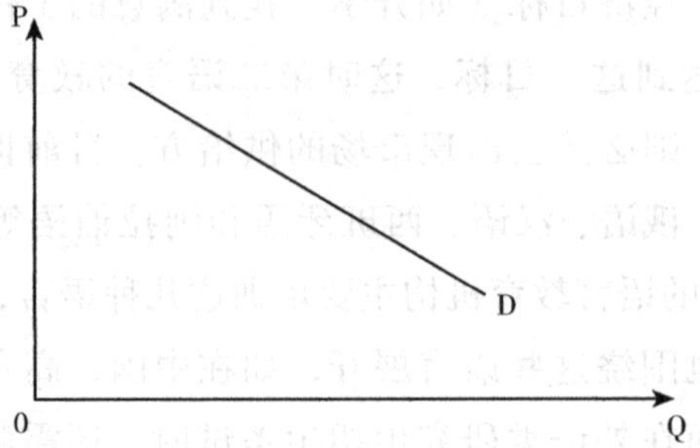

图 5－2　商品需求曲线

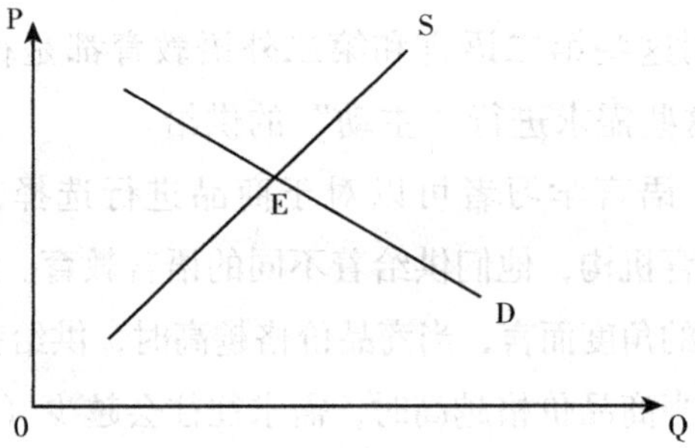

图 5－3　语言教育市场价格的均衡

随着人们收入的增加，往往会带来商品需求量的变化。对于需求变化带来的价格均衡变化，可以做一个比较静态分析（见图 5－4）。

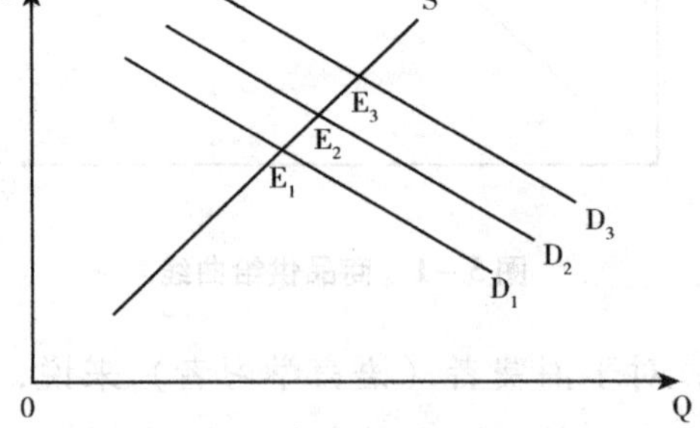

图 5－4　需求产生变化的比较静态分析

随着人们收入的增加，对于语言学习的需求可能也会逐步增加，从图 5－4 来看，原来的需求在 D_1 阶段，均衡点为 E_1，在供给不变的情况下，随着需求的增加，价格均衡点不断上移到 E_2 和 E_3处。在世界经济不断发展以及汉语的国际影响力不断增加的情况下，许多国外的留学生来中国学习汉语，在语言进修机构数量基本不变的情况下，必然会使学费价格升高。

而当需求不变、供给增多时，导致的结果是价格下降。出现这样的情况后，能够承担得起学费的家庭或个人增多，去往语言教育机构学习的人数会增加；反之，当供给减少、语言教育机构的培训价格上升，则可能造成学习某种语言的人数会减少。如果供给增加，那么此时的比较静态分析如图 5－5 所示。

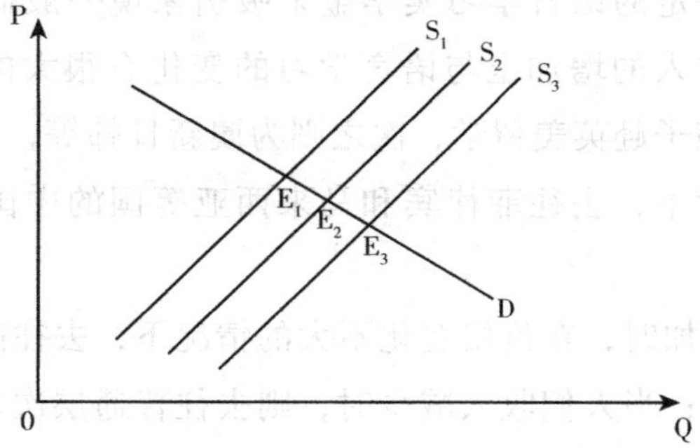

图 5－5　供给产生变化的比较静态分析

随着中国经济的发展，更多的中国人开始考虑去往国外留学，而为了吸引中国的留学生，世界各国亦使出诸多解数，由于中国学生的数量是有限的，而打算招收中国学生的高校却不断在增加，这体现出了供给量的变化。从图 5－5 可以看出，当供给量增加时，均衡价格会下降，因此国内去往国外留学的负担也在减轻。目前来讲，RCEP 国家中如马来西亚招收的中国学生数量在不断增加，其较为低廉的价格是一个很大的影响因素。

前面运用经济学中的一些基本理论对于语言学习的市场进行了简易的说明，也是接下来要分析的内容的一个基础。看起来价格的均衡点分析似乎较为简单，但是实际的语言教育市场也有一定的复杂性。以汉语教育为例，外国人到中国来学习汉语，其可所选择的学习机构种类很多，就大学而言，就有从名牌大学到普通大学的各类语言进修班。中国人选择学习其他语种的话，以英语来说，可能的选择就有美国、英国、澳大利亚和新西兰等国家，而其中每个国家内部又有不同等级的语言培训机构。而对于消费者（学生）来说，一方面，既可以选择学习英语，又可以选择学习汉语，因为这是不同的商品，对他们而言效用往往是不相等的；另一方面，即使他们下定决心只是学好某一门外语，其也存在很多的选择，可以去不同的国家学习，也可以去一个国家的不同大学去学习。他们心中会有一个期待价格，理性人会根据自身的收入，做出一个效用最大化的选择。

一般来讲，愿意支付较高价格的人去往学费较高的国家或者语言教育机构，而愿意支付低价格的人则去往学费较低的国家或者语言教育机构。也就是说，如果不提供奖学金政策，语言教育机构的学习者也会出现两极分化，因此提供一定的语言学习奖学金来吸引家境一般而成绩优异的学生是必要的。人们收入的增加也与语言学习的变化有很大的关系，收入较高的家庭可能会送孩子赴英美留学，次之则为澳新日韩等，在 RCEP 签订的背景以及地缘等因素下，去往菲律宾和马来西亚等国的中国留学生也会不断增加。

当人们收入增加时，在价格变化不大的情况下，去往高层次语言教育机构的消费者就越多；当人们收入减少时，则去往普通层次的语言教育机构的消费者就越多。随着当前世界经济的发展，人们收入增加，越来越倾向于去往较高层次的语言教育机构学习。因此某些语言教育机构在硬件及软件配备方面，更要相应地进行提升。

以 RCEP 国家为例，前面第三章提到了这些国家近些年的人均 GDP 和 HDI 的变化，从数值及变化曲线可以看出，这些国家有的已经收入较高，有的则处在迅速发展中，这促进了两个方面的发展变化，一方面，东南亚学生去往海外学习语言的人数增加，受文化、贸易及地理距离等原因，学习汉语的东盟国家学生大多选择云南、广西和广东等地的学校学习；另一方面，中国北方的一些学生去往澳新日韩以及东南亚留学的学生也在逐渐增加，尤其是去往马来西亚留学学生数量的增加已经成为较大的特色。

为了促进东盟国家与中国北方的交流，不仅需要北方的中国学生去东盟国家学习，可能还需要制定一些政策，促进东盟的学生到北方来学习，这一点可以通过奖学金政策进行统筹规划，从而使汉语的语言教育市场达到帕累托最优。

二、语言教育市场弹性的探讨

弹性理论指的是，价格等因素的变动影响到供给量变化的规律。这种经济学上的弹性理论一般分为两个大的方面，即需求弹性和供给弹性。需求弹性是从消费者的角度来考虑的，供给的弹性则是从生产者的角度考虑的。

需求弹性通常包括需求的价格弹性、需求的收入弹性和需求的交叉弹性三个方面。需求的价格弹性系数指的是需求量变动比率与价格变动比率之比值，需求的收入弹性系数指的是需求量变动比率与收入变动比率之比值，需求的交叉弹性系数指的是一种商品需求量变动比率与另一种商品价格变动比率之比值。从概念上来看，三种弹性系数的计算方式是很相似的，其分别为：

价格弹性系数公式：

$$\varepsilon_p = \frac{\Delta Q_d / Q_d}{\Delta P / P} \tag{5-1}$$

收入弹性系数公式：

$$\varepsilon_i = \frac{\Delta Q_d / Q_d}{\Delta I / I} \tag{5-2}$$

交叉弹性系数公式：

$$\varepsilon_e = \frac{\Delta Q_X / Q_X}{\Delta P_Y / P_Y} \tag{5-3}$$

根据弹性系数的公式，可了解到有些时候弹性系数的绝对值大于 0 小于 1，此时说明某类商品缺乏弹性；有些时候弹性系数的绝对值大于 1 小于无穷大，此时说明某类商品富有弹性。缺乏弹性和富有弹性的商品，在价格变化时所带来的总收益是不一样的，缺乏弹性的商品，价格上升时总收益会增加，而富有弹性的商品，价格下降时总收益会增加。因此，在进行语言推广时，也要考虑到某种语言的需求是缺乏弹性还是富有弹性的。

从需求的价格弹性理论来讲，英语教育缺乏弹性，而汉语等其他语言的教育则往往较有弹性。需求性较强的语言缺乏价格弹性，而需求性较弱的语言则富有价格弹性。根据语言的“效用度”大小，根据其弹性大小可能成为一个连续系统。这个连续系统可按照使用国家和人口的外部性影响来计算。知道了这种弹性的规律，我们在制定语言教育价格时就可以有一些理性的考虑，如某些语言教育机构对于英语培训所制定的价格稍高，但是并不影响人们报名学习的热情，进而增加了这些语言教育机构的总收入。而国内和海外的汉语推广，目前来讲，汉语还未达到英语那样的竞争力，因此，价格相应要定得较低一些，学习者数量增多，总收益是增加的，另外也增强了汉语的网络外部性。

再来看需求的收入弹性，根据收入的变化，不同的商品弹性也是不同的。对于优等商品来说，人们收入增加会带来其销售量的增加，而对于劣等商品来说，人们收入增加反而带来其销售量的减少。拿留学举例，当收入绝对高时，人们可能会选择欧美的高校，虽然学费较高，但在收入增加的背景下是可以承担的，因此还是可选择的，而对一些不太有名的地区和学校则选择了放弃。当收入降低时，则可能会选择不太有名的国家和地区的学校就读。语言教育培训机构同样如此，在人们收入增加时，质优价高的语言教育机构生意兴隆，而当人们收入降低时，可能就会选择一般的语言教育机构。根据人们收入的不同，语言教育机构在不同的地区可采取不同的定价策略。

从交叉弹性的角度来看，有些情况的研究应该是比较有趣的。由于需求的交叉弹性所考虑的是一种商品价格的变动对另一种商品销售量的影响，其实这也可以理解成两种商品的合作或者竞争。如果两种商品是互补的，其呈现出一种“合作”模式，即某一类商品销售量的增加会带来另一种商品销售量的增加（见图5－6）。

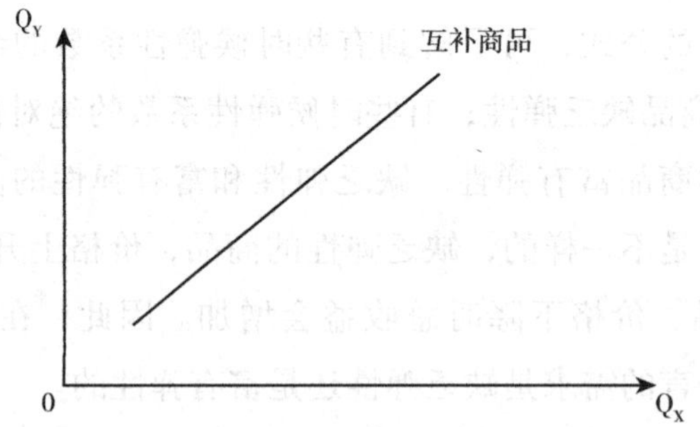

图5－6　互补商品的相互影响示意图

而如果两种商品是可替代的，则某一类商品销售量的增加会带来另一种商品销售量的减少（见图5－7）。

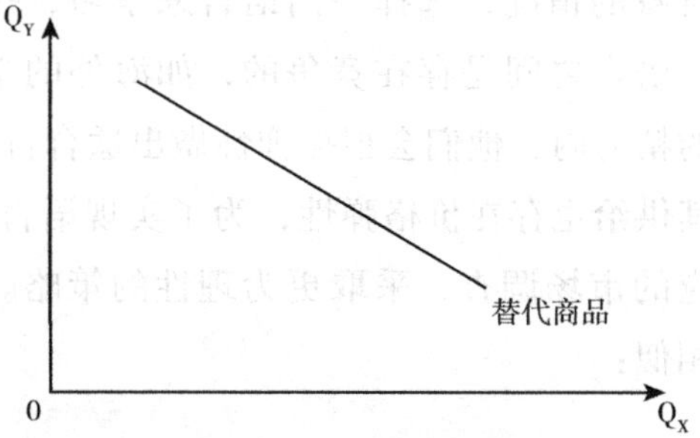

图 5 −7　替代商品的相互影响示意图

对于互补的商品而言，从价格和销售量的角度来考虑的话，一种商品价格的上升，会带来该商品销售量的下降，此时也会带来互补商品的销售量下降，因此，这种交叉弹性系数是负的。对于可替代的商品而言，一种商品价格的上升，会带来该商品销售量的减少，却会造成可替代商品销售量的上升，因此这种交叉弹性系数是正的。不同的交叉弹性如图 5 −8 所示。

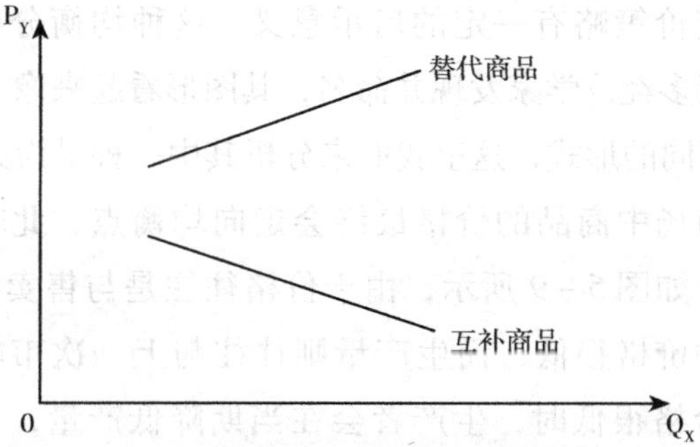

图 5 −8　不同类型的商品需求交叉弹性示意图

对于语言市场来说，不同的商品可以理解为不同的语言，需要确认的是，这些语言存在互补关系，还是替代关系。其实这两种关系在语言学习中都是存在的，我们先说互补关系，对于外语类专业的本科生来说，一般要学习第二外语，此时，学生们所学的第一外语和学校所设置的第二外语就是一种互补的关系。外语类研究生入学考试时，对于第二外语都有一定的要求，这无形给学生已经设立了语言商品的选择关系。

语言商品还可能是替代关系，人们的精力毕竟是有限的，如果学生想通过学习某种语言来获得工作，一般来讲熟练掌握一门外语基本就是可以的。

这时他们就会根据自身的情况，选择一门语言来学习，一种语言成为另一语言的替代品。此时，语言之间是存在竞争的，如海外的学生到底是学习英语还是汉语，在有限的精力内，他们会根据弹性做出适合自身的选择。

作为生产者，其供给也存在价格弹性，为了实现语言传播的市场化策略，也需要提前做好相应的市场调查，采取更为理性的策略。供给弹性的弹性系数公式与需求弹性相似：

$$\varepsilon_s = \frac{\Delta Q_s / Q_s}{\Delta P / P} \tag{5-4}$$

其基本的规律是价格上升也会带来供给量的增加，如果某类语言的学习从长期来看富有弹性，那么供给也需要根据市场的需求进行相应的调整。

三、蛛网理论与动态变化

根据商品的需求弹性和供给弹性，可以对价格的均衡进行研究，这也对于语言教育机构的定价策略有一定的启示意义。这种均衡分析在经济学上称为“蛛网理论”，由诸多经济学家发现并命名，其图形看起来像一张蜘蛛网，“蛛网理论”呈现三种不同的形式，这里我们来分析其中一种最为典型的形式。

一般来讲，市场中商品的价格最终会走向均衡点，此时也就是供给弹性小于需求弹性时，如图 5 -9 所示，由于价格往往是与售卖时的产量有关，因此产量过高时往往价格很低，而生产量则往往与上一次市场售卖时的价格有关，即当上一次价格很低时，生产者会在当期降低产量，当降低产量后，新阶段价格又会上升，此时从图上看，就是一个顺时针循环的状态，最终会到

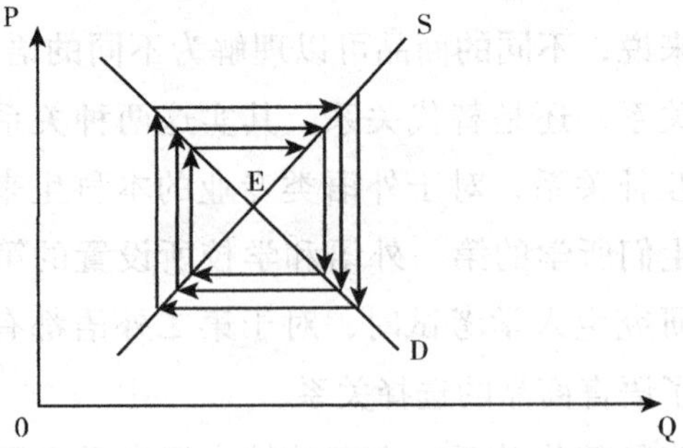

图 5 -9　供给弹性小于需求弹性时的价格均衡趋势图

达价格的均衡点 E 点。

当供给弹性小于需求弹性时，会形成一个价格均衡点。但是当供给弹性大于需求弹性时，则图 5 - 9 的循环会越来越发散，也不会存在均衡点；而当供给弹性等于需求弹性时，则图 5 - 9 会成为一个封闭性质的循环，亦不存在价格均衡点。这三种蛛网形式通常被称为收敛型蛛网、发散型蛛网和封闭性蛛网。对于生产者来讲，最好是以比较理性的思维制定价格，这种定价策略可以根据动力方程求解。

这里我们对蛛网理论做一个简单的拓展。因为生活中的供求动态变化可能更为复杂一些，因为社会总在变化发展中，举例来说，人们的收入水平也在不断增加，这就会造成一些商品需求的变化，即需求曲线会不断移动，最终动态的均衡会呈现下面形式的变化，可称为“螺旋式蛛网”（见图 5 - 10）。

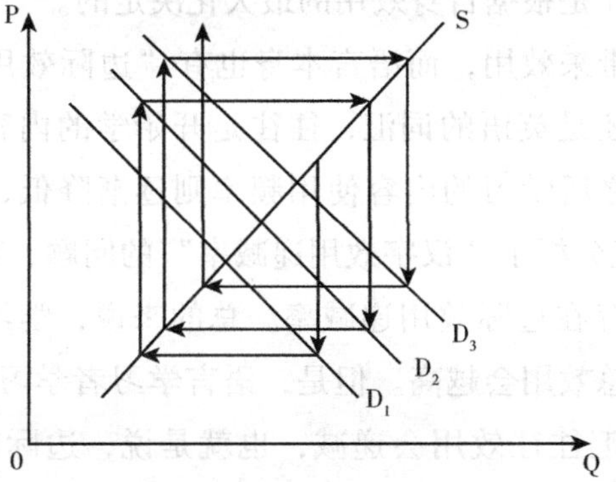

图 5 - 10　“螺旋式蛛网”

目前来讲，实际的社会发展状况是：随着经济的发展，人们的收入是不断变动的，收入增加，会给价格的制定带来一定影响。这需要加强对语言市场的一些调查，也就是说对诸多变量进行大数据的收集，从而可使语言教育机构的推广更为理性。这种变化不仅是需求曲线的变化，还可以是供给曲线的变化，其亦可以用相似的方法进行分析。

总之，这一节从市场的角度，探讨了语言教育市场的需求和供给运行机制，其概念借鉴于经济学的一些基础理论。对于语言教育来说，欲走向市场化，这些理解和考察是必不可少的。不同的语言从市场经济的角度出发进行推广时，要考察自身的影响力和效用度，看自身是否是富有弹性，并且对供给和需求的诸多变量进行调研，从而在机构推广、定价以及奖学金等方面可以制定出更为合理有效的策略。

第三节 语言学习者的效用

为了衡量市场的供求关系，同样需要了解消费者和生产者的目的。对于消费者来说，效用是其所注重的，效用是一种比较难以衡量的概念，但是经济学就这种对人的满足度给出了一个量化的解释。不同商品的效用不同，可以理解成消费者的选择问题，借助消费者的理性，可以进行一定的求解。消费者的理性选择往往是根据自身效用的最大化决定的。

学习语言也会带来效用，而语言本身也有“边际效用递减”的规律，不管是汉语的汉字，还是英语的词汇，往往是开始学的内容使用频率更高，或者称为效用更高，之后学习的内容使用频率则逐渐降低，著名语言学者周有光（1992：155）就分析了“汉字效用递减率”的问题，其实英语词汇及句法结构的学习也同样存在边际效用递减率。总的来说，学习某一种语言，掌握的词汇越多，那么总效用会越高。但是，语言学习者学习到一定量的词汇后，其后再学习到的词汇往往效用会递减，也就是说，边际效用是逐渐递减的。学习者付出时间金钱等成本，在对某一种语言掌握到一定程度后，也可能会考虑再学习一种新的语言。这就如同商品，比如说，消费者喜欢苹果和香蕉两种水果，那么他吃够了苹果以后，可能买一定数量的香蕉，因此所购买的是一定量的苹果和香蕉组合，这时，就体现了效用的无差异曲线问题，对于语言的选择来说同样如此。

在第二节我们提到，语言可能是互为替代品，也可能是互补品。由于语言学习的边际效用因素，需要考虑人们学习一门语言到什么程度，再学习第二门语言。一般来讲，人们第一选择是英语，然后会从其他语言中再选择一门第二外语，人们可能会选择汉语、日语或者韩语等，这时也就有了两种或者三种商品的组合。

对于边际效用而言，每个人学习外语所要求达到的目标是不一样的，一般人可能掌握到日常会话就可以，而外语专业的学生和专家则需要掌握到更高的层次。然而，每个人的时间和金钱是有限的，若要达到消费者均衡的条件，需要了解语言学习者的预算线，通过预算线与无差异曲线的关系，来掌握语言学习者的均衡条件（见图5－11和图5－12）。

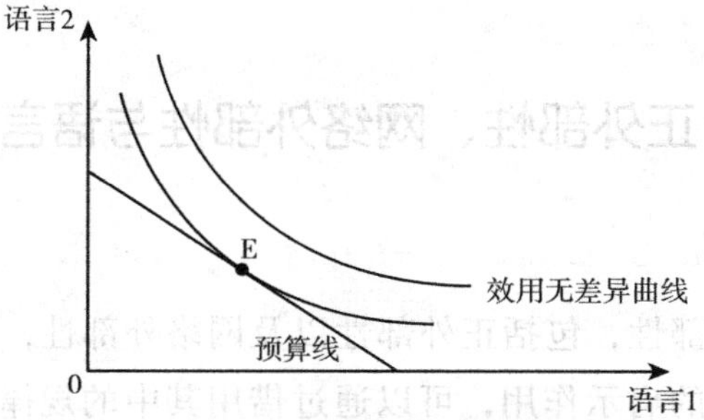

图5－11　普通语言学习者的均衡点

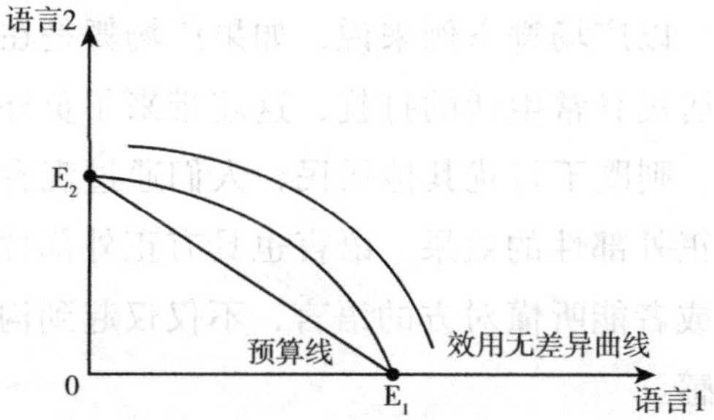

图5－12　外语专业学生的均衡点

普通外语学习者与外语专业学生的均衡点不同，这是因为，对于普通外语学习者来说，语言够用就好，不需要学习太高深的外语知识，在一定的预算线范围内，再了解一些其他语言可达到更好的效用。而对于外语专业学生来说则有所区别，其无差异曲线的形式与之前的有所不同，在这里，语言不同于普通商品，普通商品往往是拥有数量越多则效用越低，而对于外语专业学生来说则是掌握某种语言的技能越高往往是效用越高的，因此其无差异曲线呈现凸的状态，在有限的预算线内，其需要选择两个均衡点中的一个。

其实对于RCEP中的某些国家来说，由于国家内部本身存在多种语言，第二语言会成为一种必须的选择，如新加坡，在其官方语言政策中就包括数门语言，这无疑在官方层面增加了双语或多语语言学习者的效用。一些 RCEP 国家中的第二语言教育还存在多种语言竞争的问题，最为突出的可能是英语和汉语的选择，在区域经济交流合作逐渐提升的情况下，许多国家的学习者可能还会学习日语、韩语等，这些竞争与效用也是密切相关的。

第四节　正外部性、网络外部性与语言教育市场

了解语言的外部性，包括正外部性以及网络外部性，对于语言市场的推广也可以起到一定的启示作用，可以通过借用其中的规律，制定相应的鼓励措施，从而对某种语言的推广起到事半功倍的效果。

经济学理论中认为某些商品或者活动具有外部性，这种外部性可能是正的，也可能是负的。以广场舞举例来说，如果广场舞是在居民区进行的，往往会造成对于小区居民日常生活的打扰，这就带来了负外部性，而如果广场舞是在公园里进行，则既不打扰其他居民，人们通过观看还取得身心愉悦的效果，因此起到了正外部性的效果。语言也具有正外部性，不同国家的人们进行交流时，会说或者能听懂对方的语言，不仅仅起到沟通的效果，还会增添更多的认同亲近感。

语言学习还具有网络外部性，Rohlfs（1974）提出了网络外部性的概念，这种网络外部性可以包括多种商品。从语言来说，往往是某种语言说的人越多，则这种语言的沟通性越强，也就是网络外部性越强。在东盟一些国家，普通话已经代替各种汉语方言成为当地华人社区主要学习的华语，也体现着网络外部性原理的影响，随着代际的传递，这种网络外部性会越来越强。

在官方制定语言政策以及家庭、个人制定自身的语言规划时，其会考虑学习某种语言所带来的效用，也就是说，需要考虑的是某种语言的沟通性。往往沟通性越强的语言，学习者也就越多。对于东盟国家华人社区来说，普通话已逐渐成为沟通性最强的语言。大多数英语非母语国家在制定语言政策时，往往会将英语制定为第一外语，这与英语的沟通性强是分不开的。

沟通性强所要考察的方面，也就是网络外部性所要体现的方面，主要分

为两种：一种是人口数量外部性，另一种是国家数量外部性。汉语是世界上使用人口最多的语言，这只是描述人口数量。更为客观的分类考虑得更为全面，根据维基百科“世界语言”词条，通过综合了“母语使用人数”“第二语言使用人数”“使用国家数目和人口”“在国际使用该语言的主要领域数目”“使用该语言的国家的经济力量”和“社会与文学声望”六大因素得出的综合性排名顺序分别为：英语、法语、西班牙语、俄语、阿拉伯语、汉语、德语、日语、葡萄牙语和印地语等。

除了以上方面的考虑外，语言的沟通性与语言距离、地理距离也有极大的关系。一般来说，语言距离较近的两种语言互相学起来较为容易，地理距离较近的话，两个国家的人沟通会较多，这种沟通的频率也是网络外部性的一种体现，以老挝语与泰语为例，两者既在语言距离上接近，又在地理距离上接近，其网络外部性是不言而喻的。虽然泰语并非十大世界语言，但是老挝学生却对此有着较好的掌握。王晋军、施黎辉（2020：238）的问卷调查研究提及“泰语是老挝留学生最主要以及习得人数最多的一门外语”，反映出了这种语言习得现象。

了解了外部性和网络外部性的概念，一方面对于某些国家制定自身的语言政策有一定的启示，另一方面还可以制定促进与世界沟通的外语政策。对于有海外语言推广政策的国家来说，包括相应的语言教育机构，如果更多了解外部性及市场的供求关系，对于未来语言推广的盈利可带来一些先机。当然，再好的语言推广政策也与经济文化社会发展的强度有较大关系，因此，软实力的提升要注重硬实力的加强。

第五节 厂商均衡理论与语言推广机构

一、竞争市场中的语言教育机构

对于某一种特定的语言来说，市场上的语言机构所教授的该语言内容是基本相同的，以汉语教育为例，不同高校的国际文化教育学院，所教内容大部分一致。此时，可以理解为在某一国的语言教育市场上，有海外的许多留学生来学习，同时存在许多的语言教育提供者，且提供的语言教育基本一致，在语言教育有收益的情况下，进入者众多；当收益递减时，也会造成语言教育机构撤出，这种情况可以认为是一个完全竞争市场。

满足完全竞争市场的语言教育机构与市场中的其他企业一样，也要考虑利润的最大化，因此不能仅仅考虑总收益的变化，还要考虑成本的变化。一般来讲，平均成本是先下降后上升的，对于一个语言教育机构来说，投入的成本包括教室、设备等硬件，也包括招聘师资等软件，随着留学生数量的增加，教室和设备等硬件逐渐得到了充分的使用，平均成本降低，但是随着留学生人数的过多，教室的扩容与教师成本增加等原因，造成成本升高。因此，理性的语言教育机构应当考虑利润最大化时的情况，这时要考虑边际成本和边际收益的情况，在微观经济学中，当 MC = MR，即当边际成本与边际收益相等时，机构的利润取得最大化。还有一点需要说明的是，根据机会成本考虑，长期的完全竞争会使所有的语言教育机构也被动成为“非营利组织”。

二、只有一个官方语言推广机构时的策略

一般来讲，一个国家只有一个官方语言推广机构，从经济学角度分析的话，要区分官方语言推广机构是以盈利为目的，还是以最大化的语言推广为目的，因为两个目的的均衡点是不一样的。如果以盈利为目的，在 MC = MR 时取得自身利润的最大化（均衡点在图 5 - 13 中 E_1 时），这时价格要大于边际收益，因此其总收益要大于完全竞争时的企业，其存在超额的垄断利润。

大多官方语言推广机构并非以盈利为目的，其实际策略并没有像其他企业一样进行利润的考虑，其收益最大化往往是从海外语言学习者的需求出发，以满足海外语言学习者的需求为目的，此时的收益最大化是统计海外每年有多少学习者，所以最重要的因素是需求量，因此考虑需求量与平均成本因素即可，其均衡的情况是：当 AC = D 时（均衡点在图 5 - 13 中 E_2 时），从而实现了语言推广的最佳化。而如果低于需求，则语言推广效率不足，若超过需求，则成本过高，得不偿失。

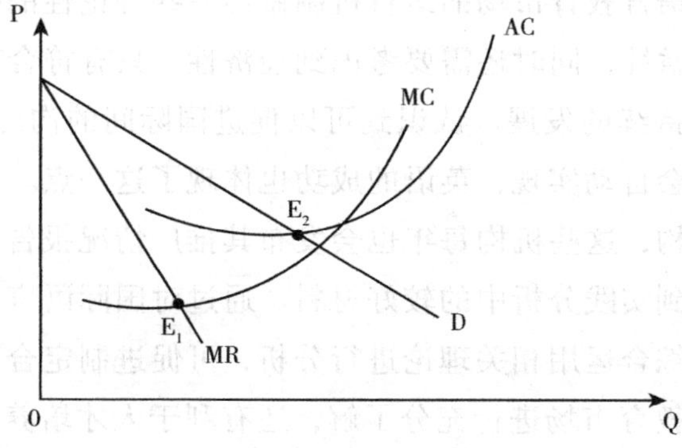

图 5－13　语言推广机构均衡点

三、垄断竞争与寡头竞争

垄断竞争的特征是：虽然市场上也有诸多的企业，但这些企业的产品是具有差异性的。运用到语言教育机构上来说，这种差别性可以体现到两个方面：一方面，同一种语言的不同教育机构，其语言教育的品质是不同的，往往比较优质的机构定价也较高；另一方面，不同语言的机构间的竞争，其产品的效用是不同的，如汉语、英语、日语和韩语等，本身是具有差别的产品。

垄断竞争的短期均衡与前面所提到的完全垄断是相似的，而长期均衡稍有区别。在长期均衡中，受 MC = MR 时取得自身利润最大化影响，此时的决策并未达到平均总成本最低。大学中的语言教育学院也好，社会上的语言培训机构也好，理性状态下还是遵循了经济学的这种规律，其实并未达到自身所能培训的最有效规模，但是此时教育机构效益高，员工压力相对小，这与完全竞争时的状态是不太一样的。

作为语言教育机构，也会存在类似寡头竞争的情况。以最著名的英语考试来说，国际上公认的主要为托福与雅思两种。以语言推广机构来说，国际上主要的语言推广机构有法语联盟、歌德学院、世宗学堂和孔子学院等。如果从国际角度来看，这些机构也属于寡头竞争的类型，不管是语言考试还是语言推广机构，都可以进行一定的合作，从而促进各国间文化了解，促进世界和谐。

本章尝试对语言教育市场的运行机制做出一些理论性的探讨。语言的教育不仅要具有公益性，同时还需要考虑到经济性。只有符合市场机制的语言推广，才能实现持续的发展。认识到可以促进国际间的沟通与合作的前提，其后语言的传播会自动实现，英语的成功也体现了这一点。当前世界上有诸多推广语言的机构，这些机构每年也会发布其推广情况报告，这些数据是将理论性探讨运用到实践分析中的较好材料。通过对国际语言教育市场供求关系的充分了解，综合运用相关理论进行分析，可促进制定合理的语言推广策略。对国际语言教育市场进行充分了解，还有利于人才培养方案的优化，如我国汉语国际教育专业的人才培养问题，一方面可以借助市场的需求，另一方面可以从官方角度进行调控，两相结合可以得到更佳的人才培养方案，更好地促进汉语教学的发展。

第六章　语言经济学视域下 RCEP 国家小语种策略研究

随着国际化进程和区域合作的加深，许多国家的语言策略已不仅限于主要外语的学习，对小语种的学习也越来越重视。世界上英语非母语国家大多数将英语作为第一外语，RCEP 中的诸多国家也不例外，而第二、第三外语的小语种策略却有很大不同，那么制定这些小语种策略可否有一定的规律可循，可否产生一举多得的效果？本章第一节将这些问题从经济学角度展开了一些分析，在第二节和第三节说明了澳大利亚和韩国的小语种策略，这主要是因为两国制定了一些比较明确的政策。

第一节　从经济学视角看 RCEP 国家的小语种策略

随着全球化与区域合作的逐步加深，仅靠英语作为外语已经很难满足一个国家政治、经济、文化和科技等方面交流的要求。语言是沟通的一个必备渠道，在区域合作中，发展小语种是一个必然的趋势，未雨绸缪往往可以取得发展的先机，在 RCEP 国家中，如澳大利亚和韩国均制定了较为明确的小语种推广政策。在制定小语种策略时，需要考虑的因素有很多，但是从经济学的视角可以对社会一般的需求进行分析，从而使确立的小语种政策在资源的合理利用上能够更为有效。

若制定小语种策略，说明认识到了培育小语种的重要性，但是怎样制定相关规划以达到较好的效果，则需要进行成本与收益的思考，因此，需要考虑从经济学的哪些视角入手，从而达到最佳的目标。经济学中两个最为广泛的研究方向为微观经济学和宏观经济学，研究方法上最常用的是计量经济学，制定小语种策略时亦可从这几个方面尝试进行研究和评估。

从微观经济学角度来看，要考虑市场上个体对于小语种的需要，不管是对于企业来说，还是对于个人的外语学习来说，都会考虑成本收益问题。企业是否雇佣小语种人才，还是对企业原有的人才进行小语种培训，都会进行相关的考量。对于个人来说，是否以小语种为自己专业，亦要考虑学习的成本与将来的就业问题。而对于培养方来说，应当尽量以节约企业和个人的成本为起点，这样在人才培养方面才能照顾到需求方的心理。虽然世界上的国家很多，语言也很多，但许多语言是十分相似的，这也是在第十二章所提到的语言距离问题，语言距离较近的两个小语种，其实可以设立为一个专业，在本章第三节介绍了韩国在特殊外语教育方面的五年基本计划，其方案也接近了这个想法，同时还从企业需求出发进行相关培训，这些都有着一定的启示作用。

从宏观经济学角度来看，官方设立对于小语种的支持政策是有规律可循的。官方对于不同国家的国际贸易量有着翔实数据，并且可以研判未来的发展趋势。从国家战略角度出发，需要对某些人尚且没有重视的小语种进行支持，根据未来的需求进行专业设置和人才培养的分析。

计量经济学是进行数据分析和政策判断的一个好方法，可通过一元和多元回归方程式对于相关系数进行推定。一个语种的学习人数与多种因素相关，如小语种国家的 GDP、人口数量、两个国家的语言距离、贸易额度和是否签订了相关的贸易协议等，这些都是需要考虑的影响变量。通过大量的数据对相关系数进行分析后，可根据具体情况的变化进行动态的人才培养设置。

RCEP 共包含 15 个国家，除英语外，似乎每个语种对于其他国家而言都是小语种。其中汉语、日语、韩语、马来语和印度尼西亚语等使用的人口众多，同时在经济上也有一定的优势，因此有些国家十分重视这些语言的教学，如澳大利亚就制定了学习这些语言的比较明确的政策。随着 RCEP 合作的不断深入，区域间的经贸往来会更加频繁，因此语言的沟通作用越来越明显，泰语、老挝语、高棉语和他加禄语等都会逐渐成为 RCEP 国家间重要的小语种。

运用经济学视角对于小语种的支持政策进行分析，虽然具有很多的优势，但也存在一定的缺点。在设立小语种的排序时，例如，根据 GDP 和贸易量等因素设定了一定数量的小语种，这些小语种有些与本国的少数民族语言十分相似，从而促进了国内某些少数民族语言的传承，也发挥出了这些少数民族当地语言的优势，对于增加就业和收入起到了积极的影响，但是对于那些无法借助这些优势的少数民族语言来说，则可能会逐渐衰弱。

RCEP 协议的签署，符合目前全球化发展的趋势，即区域合作成为主流。而把 RCEP 国家间这种地理上的优势化作合作上的优势，语言的设置则十分重要。每个国家在进行第 N 外语的设置时，除了将英语设置为第一外语外，其他外语排序的依据也需要考虑，如 GDP、HDI 和文化因素等，从而有效促进制定一个国家的小语种策略。自身语种的主动推广对于提升国际影响力也有着重要的作用，在 RCEP 签订的背景下，对于打算拓展自己软实力的国家来说，可以借此机会在自身语言推广上有的放矢，并且给予相关国家的小语种学习以支持和帮助，从而取得双赢的效果。

语言与商务的关系十分密切，与商务结合的英语，已经组成了商务英语专业，其实很多小语种的培养亦可与商务结合，但不一定成立专业，只是需要进行国际贸易、商务礼节和商务语言之类知识的学习。另外，“小语种”或“特殊外语”的概念都是相对的，随着某一类语种的广泛应用，这一类语言可能会逐渐得到更多的重视，成为相对的“大语种”，如汉语作为某些国家小语种外语的地位已经逐渐提高。

第二节　澳大利亚的小语种政策

一、澳大利亚当前小语种政策的来源

澳大利亚在语言政策上的开放始于 20 世纪 80 年代，之前亦有诸多极端行为。但是自 80 年代后，其语言政策逐渐开明尤其是对于亚洲语言的重视程

度越来越高，其相关的语言政策文本每隔数年就会进行更新和补充，下面我们按照时间顺序对这些条文进行简单介绍。

1987年，澳大利亚发布《国家语言政策》(*National Policy on Languages*)(Lo Bianco J，1987)，其指导原则除了重视英语外，对于其他语言的学习与发展进行了明确。因此澳大利亚的第二语言发展也有了具体的指导文件，列出了9种第二语言，这9种语言分别为阿拉伯语、汉语、法语、德语、现代希腊语、印度尼西亚语、意大利语、日语和西班牙语。这相对于以前的语言政策来说是一个巨大的进步，当然这种改变也与世界各国尤其是亚洲国家的经济迅速发展具有一定的关系。

1991年，澳大利亚发布了《澳大利亚语言：澳大利亚语言及读写能力政策》(*Australia's Language*：*the Australian Language and Literacy Policy*) 文本，其中对于第二语言的学习要求更为明确，其中提到因为经济因素的语言就有汉语、印度尼西亚语、日语、韩语、俄语、泰语、阿拉伯语和法语等。从该文本来看，澳大利亚对于小语种的语言政策方向较为明确，其注重两个方面沟通的收益：经济沟通、人群沟通。经济沟通的原因主要来源于贸易，澳大利亚的地理位置决定了与亚洲国家进行贸易具有更低的运输成本，同时亚洲国家的迅速崛起也为各方的贸易额增加奠定了基础，而进行贸易沟通的必备条件是语言沟通，因此澳大利亚以贸易为基础设立各类小语种的语言教育策略从经济学视角来看是理性的。另外，从移民数量等角度考虑，重视社区语言也是必要的选择。

1992年的《亚洲语言与澳大利亚的经济未来》(*Asian Languages and Australia's Economic Future*) 以及1995年的《澳大利亚学校战略中的亚洲国家语言与研究》(*The National Asian Languages and Studies in Australian Schools Strategy*) 对亚洲的四种语言做到了前所未有的重视，这四种语言为汉语、日语、印度尼西亚语和韩语。之后直到21世纪澳大利亚都十分重视这几类外语的教育，这也和澳大利亚与这几个国家的对外贸易量具有重要的关系，王辉（2010：29）提到“选择这4种语言是基于澳大利亚贸易额的统计数据”，这也说明了经济对于语言的影响，当然，语言反过来也会促进经贸合作的发展。

二、从需求与供给角度看语言学习危机

借用当代比较流行一句俗语，“理想很美好，现实很骨感”，对于澳大利亚的外语教育政策来说，同样会遇到类似的外语学习危机问题，虽然官方从各方面考虑制定了支持小语种学习的方案，但是效果却不佳。王莲、马林兰、李瑛（2019：105－109）从社会认知、语言特性和教育体制等方面介绍了在澳大利亚高中阶段外语学习人数锐减的一些原因，并提出了一些建议，但是从经济学的需求与供给角度可以补充一些认识。

从经济学角度考虑原因，有些深层影响自觉语言学习的因素可以发掘。从语言特性角度出发可能会提到某类语言的学习难度较高、语言差异较大等，但这并不是放弃学习某一种语言的根本原因，最重要的是自身社会的需求和供给是否达到饱和程度，因为这会影响到相应的就业以及职业的收入等。

对于澳大利亚的汉语、日语、印度尼西亚语和韩语等优先第二语言来说，澳大利亚境内是具有相当数量的移民人口的，而这些来自中国、日本、印度尼西亚和韩国的移民，其不仅较为精通自己的母语，同时也具有较高的英语水平，因此，在澳大利亚有限的行业和岗位里，雇佣这些来自母国的人员可以有更高的工作效率，这样的话就限制了本国学生学习第二语言的积极性。一种理性的措施是，随着与某些亚洲国家交往的增多，如果移民政策所带来的人口已经满足不了语言工作的需求，那么可以对于小语种的需求量进行调查分析，官方根据需求情况以及外语教育的学习规律制定供给方案。关于外语教育的供给，一般的规律是，初等教育阶段是普及教育，中等教育阶段进行分流，而到了高等教育阶段才是真正培养所需人才的时期，如果在最后这个阶段培养的语言人才能够符合社会发展与国际贸易的需要，则能基本实现供求均衡，能够促进语言教育的持续发展。

三、澳大利亚外语政策设置的理论依据及讨论

王辉（2010）认为，20 世纪 90 年代以来澳大利亚语言政策的变化与“经济理性主义”“语言作为经济资源观念”和“澳大利亚对亚洲的认同”等

影响因素有关，总体来讲，澳大利亚官方受亚洲经济发展的影响下，对亚洲的语言体现出了前所未有的重视，官方设置这些语言政策的理论依据主要还是经济的缘由。

然而这些外语政策遇到的最大困难是人们对于外语学习兴趣的不足，剖析其中最根本的原因，应是语言人力资本的收益问题。如果澳大利亚的学生学习其他专业时并不愁就业问题，学习某种外语所带来的人力资本因素就很难显现，学生学习外语的积极性也不高。比较简易地说，学习外语如果可以获得更高的收益，人们自然会去学，而如果学习外语获得的收益较低，尤其是比不过母语本身就为某类小语种的学生时，自然就将这种语言放弃了。而且从成本角度考虑，企业也可以雇佣其他国家懂英语的小语种为母语的人才，而移民澳大利亚的外国人往往英语和母语都较为出色。

从语言推广角度，一些国家文化的影响力和语言推广机构制定的措施使其他国家愿意学习这门语言，如韩国文化所造成的效应就不容小觑，韩流文化不仅是在中国，在世界很多国家都形成了重要的影响，因此也吸引了诸多的外国人学习韩语。有些国家则影响力较小，如印度尼西亚，王莲、马林兰、李瑛（2019：97）提到了他们对于澳大利亚某公立学校的访谈结果，学生们认为可能从来不会去印度尼西亚，所以觉得学习印度尼西亚语是无用的。从这个原因来看，也会使官方政策的效果大打折扣。在区域合作的背景下，每个国家可能会制定相关的小语种培育方案，而这些语种涉及的国家如果能够积极进行语言教育合作，互相增加理解，则可能会在经济贸易合作和跨国旅游业等方面达成更多的共识，促进各国的共同发展。

第三节　韩国的特殊外语振兴计划

2017年3月，韩国推出了振兴特殊外语教育的五年基本计划文件，该文件由韩国教育部国立国际教育院起草，具体名称为“第一届特殊外语教育振兴5年（2017～2021年）基本计划”。从名称来看，这项计划是具有持续性的。2021年，相关专家对第一届方案的实行情况进行了研讨，同时计划制定第二届特殊外语振兴方案。本节主要就韩国官方已经公开的第一届方案进行说明。

第一届特殊外语（小语种）振兴方案主要分为六个部分：推进背景及必要性；现状与条件；基本推进方向；重点推进课题；推进方法与体制；未来推进计划。其中，重点推进课题包括“特殊外语需求分析及高校自主模式创建”“充实基于特殊外语人才培养的本科教育”“扩大培养和利用特殊外语专业人才”和“拓展特殊外语教育基础设施建设”四个方面。从课题的内容设置来看，其第一个课题就提到了“需求”，也是经济学的一个基本概念。只有对需求有了较为充分的分析，才能有助于合理推进小语种教育政策。

第一部分“推进背景及必要性”主要说明设立该计划的法理基础、经济原因和文化交流原因等。法理基础是指，制定该方案时所依据的法律以及法律的相关内容，如指定的特殊外语种类有哪些（韩国的“特殊外语”共 53 种，亦是根据相关法律规章确定）、经费使用和负责机构的权限等。经济原因则主要是因为受到全球化及国际贸易的影响，韩国计划在中东、中南美地区展开投资并拓展相关业务，同时增加青年就业，因此相应的小语种教育是必不可少的。文化交流方面，认为通过小语种学习的推广，可以将韩流引向更多的国家和地区。

第二部分“现状与条件”主要说明目前韩国国内大学相关的外语教育情况，以及与国际上外语教育的比较等内容。韩国国内只有 8 所大学和 14 所研究生院开设了相关小语种专业，而且大学的外语专业仅包括 33 种语言，不仅数量较少，同时在评估机制、师资配备和经费支持等方面都存在一些不足，这些不足也体现出了需要从国家层面来制定相关措施促进这些小语种的发展。相比较而言，发展较为迅速的一些国家在外国语教育方面都有一定的特长，如中国、美国、法国和日本都设立了公立的外国语大学，而韩国则一所也没有，韩国认识到由于许多国家的外国语大学属于公立，因此在语言设置上要更为丰富，其中提到法国的巴黎东方语言文化学院（Institut National des Langues et Civilisations Orientales，INALCO）教授 108 种语言，是世界上最大的外语教育机构。

第三部分“基本推进方向”主要说明特殊外语的推广目的和愿景，以提升社会外语学习的共识、扩大普通群众学习的机会从而提升国家竞争力为目的，希望借助五年特殊外语支持计划充实本科教育、培养社会需要的人才以及扩展外语教育的基础设施。本科教育需要在人才基础、校园环境和课程评价体制等方面完善，通过大学附属研究所和翻译研究生院等培养社会需要的人才，通过民众与企业地方的经费支持等建设基础设施。

第四部分“重点推进课题”是文件的主要部分，其涉及了这个五年外语推进计划的核心内容，共包括四个方面。第一个方面是“特殊外语需求分析及高校自主模式创建”，对于小语种来说，了解其需求状况是设立这些语种的基础，对小语种有需求的单位主要包括驻外使领馆、国内相关政府部门以及相关产业等，因此对这些部门的人才需求情况进行调查分析，可根据实际情况确立相关支持政策。这种支持政策可根据重要性将特殊外语分为主要特殊外语、主要特殊外语 + 临近语、小众需求语言。主要特殊外语为社会需求较大的语言，如阿拉伯语、印度语和越南语等；主要特殊外语 + 临近语指的是与主要特殊外语具有较高相似性的外语可以同时进行教育，如泰语 + 老挝语、瑞典语 + 挪威语等；小众需求语言主要为国家和学术需要，如梵语、希伯来语和高棉语等。其中前两种可由大学自主设置，而后一种语言类型则需要由国家制定。第二个方面是“充实基于特殊外语人才培养的本科教育”，这需要充实硬件和软件两个方面的建设。硬件方面包括线上线下语言教学设施的构建，包括专用口译培训教室和实习设备等；软件方面包括人与课程评估两个方面，优秀的教师人才是小语种教学的关键之一，通过招聘及持续培训等加强小语种教师人才的能力，再就是对于具有潜力的小语种学生进行支持，课程评估方面需要建设的内容包括专业评估、语言测试和教材建设等。第三个方面为“扩大培养和利用特殊外语专业人才”，具体可以分为这三项内容：通过研究所进行特殊外语研究；通过翻译研究院培养翻译人才；通过大学与企业的联合教育课程培养企业所需外语人才。从而培养出适应社会需要的研究人力、翻译人力和企业人力。第四个方面是“拓展特殊外语教育基础设施建设”，主要包括两项内容：一项内容是通过向普通群众提供特殊外语的教育机会，提升社会对于特殊外语重要性的认识与共识；另一项内容是扩大特殊外语教育的基础设施。以上四个方面都是该项计划重点推进的课题，也为实际的项目推进指出了方向。

第五部分为“推进方法与体制”，主要提到对于特殊外语教育的财政支援，根据前期的需求分析为基础，制定合理的支持计划。政府将 53 种外语按照优先顺序分类整理，而大学则根据自身的实际情况提出自身的教学计划，国立国际教育院与大学分工合作，共同完成该项工作。

第六部分为"未来推进计划"，主要是说明未来每项工作的推进日程，例如，在 2017 年 8 月前完成特殊外语人才状况调查及需求分析，2017 年 9 月开始制定运营计划，2018 年 1 月开始外语专业教育机构制定工作计划和运作等。该文件附录还对当前韩国的外国语大学及研究生院的专业现状、财政现状以及特殊外语的语种范围等问题进行了说明。

总的来说，为适应全球化的发展格局，韩国在制定小语种教育政策方面积极主动，推出了特殊外语教育的支持规划。从经济学的角度来说，该规划是从需求分析出发，从而可以按照需求制定合理的规章，同时也照顾到了自己的语言文化推广及语言安全问题。根据我们在第一节的分析，韩国在小语种策略的制定方面也可以更多地从经济学视角进行考虑，实现资源的合理利用。

第七章　基于动力系统理论的语言保护策略研究

语言保护是社会发展的共识。这是因为，在社会经济迅速发展的情况下，一些少数民族语言和方言的消失是必然的，这种必然性主要与经济发展后的交流增多有关系，因为语言是交流的最重要工具，少数民族语言和方言的交流价值相对而言要更小。这种变化可以通过微分方程建模及博弈理论进行证明，其结果是一致的，就是在不进行人工干预的情况下，同一国家或地区内占少数比例的语言最终会走向消亡。由于这些少数民族语言或者方言存在的价值及其他原因，研究其演变规律，并进行合理的语言保护和语言维持就显得十分必要。在认识到其演变规律的情况下，怎样才能使语言保护或维持的成本收益设置更为合理，是本章重点探讨的内容。

第一节　少数类语言的价值和演变

为了叙述的简便，也是为了包含更多的内容，这里将少数民族语言和方言等相对少数的语言统称为“少数类语言”。因为这类语言在大环境中处于少数的地位，在语言的竞争中也常常处于不利地位，如果打算保护或者维持这类语言，则需要认识到该类语言存在的价值以及演变规律。

一、少数类语言的价值

在第三章，我们提到了根据 Fishman（1968）、Pool（1972）、Nettle

（2000）和曹贤文、张璟玮（2020）等学者的研究，语言一致的国家往往取得了经济繁荣的结果，而语言繁杂的国家经济发展状况并不乐观。事实上，很多国家和地区为了交流的方便及促进社会发展，对某一种主要语言进行了推广，如我国的普通话推广策略，对经济发展也是具有重要作用的，我国许多学者（唐曼萍、李后建，2019；谢治菊、李强，2020；张卫国，2020；张卫国、李晓文，2021）都对普通话的经济效应进行了探究，其中共性的结论就是推广普通话、学习普通话和掌握普通话可以较为显著地减少贫困，起到了语言扶贫的效果。

当然，单一语言政策就能促进经济繁荣的结论并不是绝对的，因为有一些国家在采取多种官方语言政策的情况下也取得了经济的繁荣。多语言国家认识到了多语言的其他价值，因此，其开放融合的语言政策起到了更为积极的社会效益，这一点我们在第三章做了探讨。在这里，我们把少数类语言的价值按照功能分为“交往价值类”“社会安定类”和“文物收藏类”三种进行讨论。

（一）交往价值类

少数类语言的交往价值体现在两个方面：一是境内本族群的交往，二是境外相似族群的交往。一般来讲，如果某一少数类语言还具有境外交往的价值，那么这类少数语言属于强价值类，如我国境内的朝鲜语，自我国和韩国于1992年建交以来，朝鲜族群体在双方的经贸合作中起到了重要的作用。朝鲜族群体有许多人在韩国定居，亦有许多人从韩返中创业，对于当地的经济发展都起到了很大的作用。朝鲜族群体具有中国人艰苦奋斗、耐苦耐劳的精神，疫情下在韩国的创业不降反升，如麻辣烫饭店风靡韩国全国，与受影响的韩国中小企业形成了较为鲜明的对比。

仅具有境内本族群交往价值的语言往往属于弱价值类，随着本族群内人口的流出更为容易出现消亡的事实，这在东北的一些少数民族语言上可以看出，如满语、赫哲语等，其中最为典型的是满语，从一个较为大型的语言族群逐渐成为濒危语言族群，最为主要的原因就是在交流上使用了汉语普通话，而使本族语言的交往价值降低，从而成为需要保护的语言。

（二）社会安定类

许多少数类语言的保持和使用是维护社会安定的基础。在 RCEP 国家中，新加坡制定了英语、马来语、华语和泰米尔语四种官方语言的语言政策，这其中一个原因就是考虑到了社会安定因素。新加坡地理位置处于马来社会周边，其原来亦属于马来西亚，因此不管是在交往方面还是在民族心理方面，与马来社会是不可割裂的，因此将马来语制定为官方语言是必要的。再说华语，虽然新加坡地理位置处于马来社会，但是受历史原因影响，居住在新加坡的华人众多，已经占据绝大多数，将华语设定为官方语言亦是社会安定的重要因素。印度族群在新加坡社会也占有一定的比例，这与历史上马来西亚与印度都曾为英国的殖民地有关，因此泰米尔语也纳入了官方语言之内。另外，通用语言即英语起到了全社会可以沟通交流的作用，事实的发展证明，新加坡的官方语言策略维护了社会稳定，促进了经济发展，是十分成功的。

在语言经济学研究中，语言权利也是经常提到的一个话题，语言权利和民族权利相关，剥夺了语言权利也几乎剥夺了其民族权利，容易造成社会的不安定因素，起到诸多负面效果。在 RCEP 国家中亦有曾经对于其他少数类语言进行打压的国家，如澳大利亚、马来西亚等国，造成了一定的负面影响，这对于经济发展亦是不利的，好在这些国家已经认识到了某些语言政策的负面作用，在近些年的发展中已经做出了较为开明的语言政策，这同时也促进了区域间的合作和发展。

（三）文物收藏类

有一些少数类语言的保护和维持十分困难，就是这类语言的使用群体已经要主动放弃自身的语言。这类语言的使用人群为了个人或者群体的更好发展，学习更为通用的语言效用更高，因此本族群语言的“交往价值”越来越低，同时，自身群体对于语言权利的要求不高，因此“社会安定”的价值也不大，所以如果任其自由发展，会逐渐成为一种消亡的语言。

但是如果认识到这类语言应有的价值，也是值得保护的。曾有一部电影《风语者》讲述了少数类语言的密码编码价值。不仅如此，语言还自带有历史文化的价值，一类语言就是一个民族的历史记录，人们经常会通过发掘古董来研究历史，语言作为人类发明制造出来的一种工具，具有同样的历史价值，如果实在不能维持，可以采用文字、录音和画面记录的方式进行保护，作为文物收藏类的语言。

少数类语言的这三类价值并非完全割裂的，有时两三个价值成为一个有机体，所以更值得保护。我们在这里探讨的三个原则是：第一，语言的多样性与生物的多样性是不同的，两者都有价值，但是思考方式是不一样的；第二，根据理论与实践，看清语言实际使用情况已经产生的变化；第三，运用相关原理，探讨语言保护和维持的策略，尽量做出收益最大化的措施。

生物的多样性是自然产生的，且具有生物链的特征，生物种类的减少可能影响到生物链，从而产生系列的不良后果。而语言则可能相反，在自愿的情况下，一类族群逐渐转向另一族群的语言，反倒是促进了沟通和交流，进而促进了经济合作发展。当然，生物多样性亦与语言多样性具有共同的特征，生物因为分散到世界各地，同一种生物也进化成为不同的类型，语言也同样如此，使用同一种语言的人群如果被分割在了不同的地区，语言也会逐渐产生差异，时间久了甚至会成为两种互相听不懂的语言。

演化博弈论可以分析生物的演化，亦可以用来分析语言的演化，这类分析还可以运用常微分方程建模方式取得更为精确的分析结果。了解了这些规律，就可以制定出某些理性的措施，接下来我们将对这些情况进行分析。

二、自然状态下少数类语言的演变

了解自然状态下少数类语言的演变，一般从人们的感受中也可以觉察到，就是少数类语言使用的人口占比越来越小。这里我们对从常微分方程建模方向和博弈论角度进行的分析做一些介绍。

Abrams 和 Strogatz（2003）运用微分数学模型描述了语言演变的动态，给出了两种语言竞争后的三个解，其中容易理解的是 0 和 1 两个解，也就是完全演变为使用其中的某一种语言，而第三个解作者给出了相关的方程式，并且调查了某些地区语言的实际变化，其调查结果与其公式推测是基本吻合的（见图 7－1）。而后 Mira 和 Paredes（2005）拓展该模型研究了相似语言共存的可能，而 Minett 和 Wang（2008）进一步研究该模型并提出提升语言地位和利用语言教育等方法可以对语言维持起到积极作用。李龙（2021：73－84）探讨城市化进程中的语言竞争问题时，运用演化博弈理论对于方言和普通话的博弈复制者动态进行了描述，其中虽然存在一个静止点，但这个静止点是不稳定的，在一定条件下，一个社区内要么会演变为都说普通话，要么演变为都说方言，这要看演变中适应值的大小。这种运用演化博弈论进行推断的方法可以找到语言演变的规律，但是描述具体的变化情况还要靠动力系统理论。这些研究对于竞争下的语言演化趋势有着比较清晰的结论，也较为符合实际，但在语言的维持和保护策略上还是较为笼统，如投入产出比等具体数值的计算，因此可操作性可以再进一步拓展。

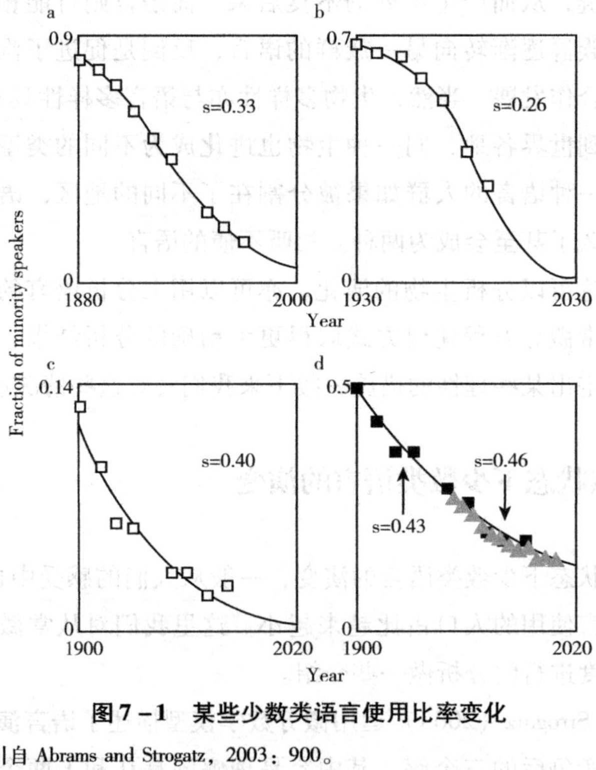

图 7－1　某些少数类语言使用比率变化

资料来源：引自 Abrams and Strogatz，2003：900。

本节探讨了少数类语言的价值，并且分成了三个种类，这对于成本收益分析中的投入亦有直接的关系。博弈论和动力系统模型的使用可以对语言竞争的演变有更为清晰的认识，甚至能够找到相关演变规律的解。了解了这种自然状态下语言变化的规律，就可以继续进行相关研究，探讨如果从公共经济学的视角对语言保护和维持制定相关官方政策的话，怎样去分析成本和收益，才能制定出更为合理的且可以计算的少数类语言的保护策略。

第二节　基于语言演变动力系统理论的语言保护策略探讨

在第一节中，我们了解了竞争状态下语言的演变规律，即在人们选择语言进行交流沟通的语言竞争中某些语言必然会消失，而如果我们认定语言必存在价值，不管是沟通交往价值、社会安定价值还是文物储藏价值，语言就是需要维持或者保护的，当然保护的方式也一定不一样。

对于仅有文物储藏价值的语言来说，保护策略相对简易一些，即对濒临消失的语言进行文物性质的抢救，如运用录音、录像和国际通用音标记载等手段，形成文字音像材料，作为历史文化的一种储备，也可以持续设置少量的专业或者课程，有少量人才对于这类语言有所掌握并备不时之需。作为社会安定价值的语言，应尊重当地人们的语言文化习惯，这也是大多数国家的语言文字政策，在某些语言受到社会发展影响逐渐变化消失的情况下，加大投入进行一定程度的语言维持工作，即至少保障一定数量能够运用这类语言进行沟通交流的人口，这种情况的投入要稍高一些。最后是具有沟通交往价值的语言，这种情况的解决办法最好是针对相关国际合作对某些少数类语言进行地位提升，如 RCEP 协定中的诸多国家与我国交界或者同属汉字文化圈，许多少数类语言与这些国家的主要语言或者少数类语言相似，如具有相关语言人才，在经贸合作乃至维护地区稳定方面都可以起到积极的作用。

前面提到了三种语言的维持和保护策略，无一例外需要进行一定程度的投入，这些投入可以用到公众场合语言的使用、教育机构语言的使用以及给予讲这类语言的社区一定的补偿等。本节运用微分方程分析的重心是，怎样的投入方式和时间间隔能够做到语言维持的最优水平。如果不进行这样的考虑，很明显的结果就是，投资过少基本起不到什么作用，投资过多具有财政负担，同时某些少数类语言的地位过高也会引起一些不公平的现象，所以怎样去控制一个合理的度，是运用微分方程进行讨论的原因。

本节所用的微分方程模型借鉴了 Giordano 等（2013）整理的关于身体用药时的模型，我们这里是对其在语言维持上的一个应用。我们假设了少数类语言可以通过官方政策和投入的扶持，能够有效地起到语言维持和保护效果。

一般来讲，如果仅对语言维持进行一次投入的话，则其依旧随着时间的变化而弱化，结果如图 7-2 所示，然而我们的目标是希望某类语言的使用维持在一定限度，如图 7-3 所示。当然，这里的前提是如果不投入，少数类语言是会逐步消失的，因此就需要官方的一个持续性的投入，此时分析怎样进行合理的投入是最为关键的，即投入的资金需要多大、间隔的时间多久，才能较好地进行语言维持工作。

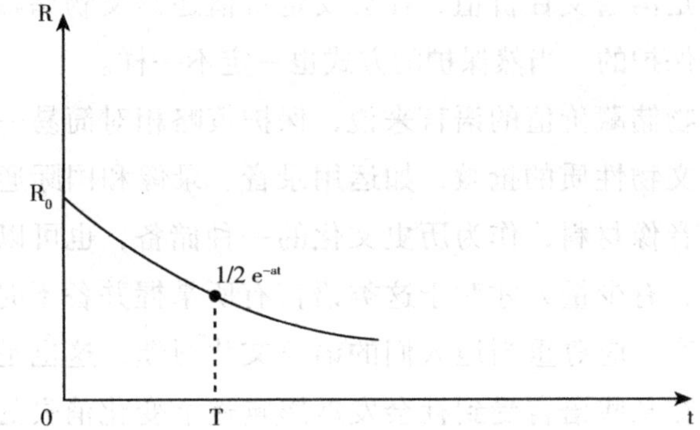

图 7-2 语言维持一次投入的效果

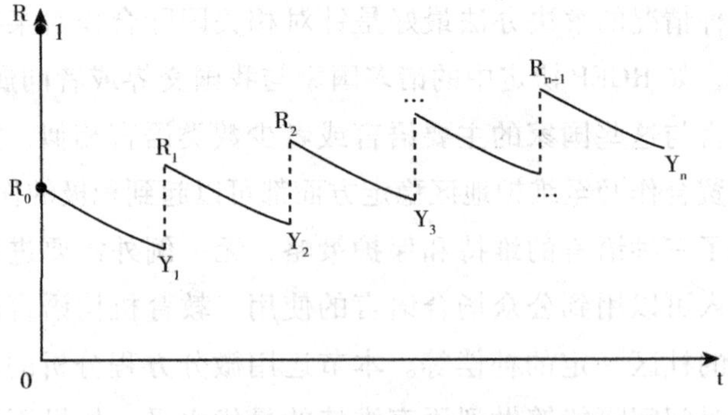

图 7-3 语言维持持续投入的效果

在语言维持时，我们需要设立一个具体的标准，即在一个少数类语言社区内，说少数类语言的人口比例低于多少就需要进行投入了，当然最高的比例是可知的，即100%，该语言社区所有人均使用某少数类语言进行交流，在比例很高时过早进行语言维持的投入则是一种资源浪费。

在自然竞争的状态下，少数类语言的讲话人群会随着时间的变化而减少，这是因为在人口更迭中，新出生的年轻人愿意去学习更为通用的语言，而非少数类语言，某社区使用少数类语言的人口比例低于某一限界值时，就需要官方的支持。假定在某一时刻某一社区内说当地少数类语言人口的比例为R(t)，这个比例是不断变化的，可有微分方程：

$$R'(t) = -aR(t) \tag{7-1}$$

其中，方程符号为负的原因是讲少数类语言的人口比例随着时间下降，a可以看作是下降时的一个常数，这个常数值可以通过对于少数类语言使用人口的调查而确定，如某一时期讲某类少数语言的人口比例是多少，到了固定的下一时期比例降到了多少，通过类似的田野调查即可获得该常数数据，一般来讲，城市化进程越快，a值越大，城市化进程越慢，则a值越小。假定开始时的比例为R_0，微分方程模型可以描述如下：

$$\frac{dR}{dt} = -aR(t), R(0) = R_0 \tag{7-2}$$

该微分模型的解为：

$$R(t) = R_0 e^{-at} \tag{7-3}$$

为了模型分析的简便，是可以将R_0设定的，这也符合语言实际运用的情况。在设定这个值之前，我们还有一个考虑，就是语言维持的最好结果就是某语言社区都恢复讲这种语言，也就是最高值为100%，或者记作1，因此投入产生的最好效果不能超过1，从成本角度考虑，能保持该语言的基本维持即可。假设初值设定为0.5，即一个言语社区具有一半的人还在讲自己的语言，在这种初值的情况下，上述方程就变成了$R(t) = \frac{1}{2}e^{-at}$，由于不进行投资时随着时间的变化还是讲少数类语言的人越来越少，其演变情况如图7-2所示，在某个时间点T，其讲少数类语言的人口比例降到了$\frac{1}{2}e^{-aT}$。因此，为了进行语言的维持，需要在接下来的时间点继续进行投入，才能保持及提升讲该语言的人口比例，成为图7-3的类型。为了能够进一步找到合理投资的时间点，我们继续进行分析。

根据前面模型的解，过了 T 年后，该语言社区剩余说当地话的人口比例可以表示为：

$$Y(T)=\frac{1}{2}e^{-aT} \tag{7-4}$$

此时，官方进行第二次投资，这样可以使该语言社区讲当地话的人口比例提升，R_1 结果为$\frac{1}{2}+\frac{1}{2}e^{-aT}$，而再过 T 年，该语言社区剩余说当地话的人口比例可以表示为 $Y_2=R_1e^{-aT}=\frac{1}{2}e^{-aT}+\frac{1}{2}e^{-2aT}$，依此类推，我们可知 $Y_n=\frac{1}{2}(e^{-aT}+e^{-2aT}+\cdots+e^{-naT})$，运用求和公式我们可以化简为 $Y_n=\frac{e^{-aT}(1-e^{-naT})}{2(1-e^{-aT})}$，假定官方对于语言维持的政策是持续的，也就是说，即使不管多少年，语言维持的政策并不会改变，使 n 趋向无限大，那么 Y_n 的极限值可以表示为 $Y=\frac{e^{-aT}}{2(1-e^{-aT})}=\frac{1}{2(e^{aT}-1)}$。

到这里，我们基本上可以对间隔多久进行投资有一点眉目了，由于 Y 的极限值是已知的，即语言社区所有人保持说当地话，即为 1，因此方程的求解就变成了$\frac{1}{2(e^{aT}-1)}=1$ 的求解问题，我们对该方程进行分析：

$$\frac{1}{2(e^{aT}-1)}=1$$

$$\Rightarrow e^{aT}=\frac{3}{2}$$

$$\Rightarrow aT=\ln\frac{3}{2}$$

$$\Rightarrow T=\frac{1}{a}\ln\frac{3}{2} \tag{7-5}$$

由于常数 a 的值可以根据实际情况测得，其他数值可以通过计算得出，因而 T 的值也是可以求出的。当然，不同语言的消亡速率不同，结果也会不同，设定不同的初值时这里的结果也是具有差异的。到这里，我们对于用动力系统模型分析出官方进行语言维持和保护时的最佳投资策略就有所了解了。

根据前面的探讨，我们可以发现运用动力系统模型可以对语言维持和保护策略提供一个理性的分析，并且具有实践意义。使用多少投入与语言社区大小有关，包括教育、家庭以及广播等多个方面，少数类语言社区的衰减情况亦需要进行调查，最后再确定出投资间隔的时间，那么基本可以使成本和收效处在合理的状态。

回到最初的前提，如果我们认为少数类语言是需要保护的，那么就需要一定的规划措施来维持，语言的维持很难做到一蹴而就，需要持续的投入，并且制定好相应的策略。持续性的投入似乎是很好理解的，关键是这种持续性投入需要间隔多久，每次的支持以多少为限，通过动力系统方程模型可以给出较好的说明和具体取值的方法，尽量避免出现资源、资金浪费或者不足的情况。在 RCEP 协定中的许多国家存在多语言问题，按照前面提到的演化规律，在经济发展合作的背景下，必然会有大量少数类语言逐渐处于濒危状态，如果计划保护土著语言，维持语言多样化，那么运用动力系统理论是可以进行理性的投资分析的。

不同的语言所用的投资是不一样的，做出相关调研，有些语言的维持策略甚至会起到四两拨千斤的作用，如我国东北地区朝鲜族语言的学习，与东盟国家接壤的广西、云南一带某些少数民族语言的学习等，这既是对于语言的传承和保护，亦可以为区域经济发展做出贡献。当然，有的语言进行维持和保护时需要的投资较大，但要认识到语言是一种资源，什么时候起到作用我们可能并不清楚，如早期的石油和稀土一样。官方财政政策对于语言保护具有重要的影响，也可以考虑通过与语言相关的产业进行扶持。

如果错过了语言维持或者保护的时机，对一种少数类语言再进行抢救就比较困难了。这一点从澳大利亚和新西兰的少数类语言保护政策可以看出，新西兰对毛利语的保护成绩显著，澳大利亚对于少数类语言的保护则不然。其原因是，新西兰具有一定数量的毛利语人口，其语言维持策略的收益是较大的，正如前面所分析的，在每年投入一定资金的情况下，其收益能够明显维持，甚至有更加发展的迹象。而对于澳大利亚来说，受以前某些极端语言政策的影响，人们大多已说英语，少数类语言维持收益不大，但是如果采用前面分析的少数类语言恢复方案，少数类语言的延续也并不是不可能的。

贺宏志、陈鹏（2013：30）在《语言产业引论》提到，双语学习或者多语学习，要付出更多的学习成本，这包括时间、精力与经济负担等，可以说双语制、多语制的维持是需要大量的投入的。如果是从人力资本角度考虑，亦需要使语言人力具有一定的收益。另外，我们在美国电影《风语者》中可以发现，语言不仅是一种人力资本，还是国家语言安全的一部分内容。

第八章　语言经济学视域下面对 RCEP 的语言产业分析

在国际交往不断增多的背景下，语言产业的发展在世界各国已经初具规模，其中语言翻译业、语言测评业和语言培训业等发展迅速。语言产业既可用于国际合作，也可以为国内的一些其他行业服务。有些国家成立了专门的语言服务机构，如 RCEP 协定中的澳大利亚和新西兰等国。本章探讨了发展语言产业的意义，对语言经济学视域下对 RCEP 的一些语言产业研究方向进行了说明，还尝试描述了翻译市场的现象。

第一节　语言产业与发展语言产业的意义

语言产业是语言研究与经济发展相融合的一个突破口，受到了诸多学者的重视。结合屈哨兵（2010），黄少安、苏剑、张卫国（2012）和贺宏志、陈鹏（2013）等学者的研究成果，可以了解到“语言产业”或者说“语言服务产业”的概念，其是指将语言作为生产要素，生产语言产品或者提供各种语言服务，以满足国家、社会和个体语言消费需求的产业。其范围包括语言培训、语言翻译、语言文字信息处理、语言出版、语言创意、语言能力测评、语言康复等诸多领域。可以说，重视语言产业发展，对于区域经济合作和发展可起到重要的作用。

国外学者注意到语言的经济价值比较早，Marschak（1965）就将语言和经济的概念结合到了一起，进入 21 世纪，Scott（2000）、Grin（2003）、Pratt

(2008)、Lee (2012)、Azam 等 (2013) 学者开始从文化产业、语言政策以及英语教育所带来的经济影响等方面进行了诸多研究。近些年的研究更为具体和深入，如 Tsushima 和 Guardado (2015)、Al - Batineh 和 Bilali (2017)、Ramyar 等 (2020) 分别对加拿大的英语语言产业、阿拉伯世界的语言翻译培训产业和英语在旅游产业中的使用等方面通过实证分析进行了深入地探讨。

相对于学术研究而言，国外语言产业的实际影响更值得重视。根据美国语言行业调查机构卡门森斯顾问公司 (Common Sense Advisory) 以及中国翻译协会的数据，2019 年全球语言产业总值近 500 亿美元，欧盟、美国和加拿大等国家和地区在语言产业的市场巨大，对 GDP 贡献突出，营业额及净利润都极为可观。

国内学者认识到语言产业的价值主要是在 2010 年之后，目前，有诸多关于语言产业研究的专著，如《语言产业引论》(贺宏志、陈鹏，2013)、《语言服务引论》(屈哨兵，2016)、《语言服务产业论》(王立非，2020)、《我国语言创意产业发展态势研究》(彭爽，2020) 和《中国语言服务产业研究》(罗慧芳、蒙永业，2020) 等，对于语言产业进行了较为系统的梳理研究。由于语言产业自然地可以与经济发展结合起来，因此学者们研究的着眼点也主要在经济方面，黄少安、苏剑、张卫国 (2012：24) 就提出“促进我国语言产业的发展，需要尽快制定基于国家经济社会发展总体战略的语言产业战略”；李宇明 (2014) 在给《语言产业引论》所做的序中也提到要发掘语言的经济价值，并且后来结合大湾区的情况做出了讨论 (李宇明、李艳，2019)；结合我国地方经济进行研究的还有如徐艳平 (2015)，其针对浙江省的语言产业发展提出了一些措施，希望助力浙江产业转型升级。实证研究是未来语言产业研究的一个重要方向。苏剑 (2014) 通过实证研究语言产业对经济增长的实际贡献率，给出了较为详细的数据，后来还结合语言扶贫强调了语言的产业属性 (苏剑，2020)。相对于国外的研究来说，我国的相关实证类研究还较少。

国内的语言产业也在蓬勃发展，根据《2020 年中国语言服务行业发展报告》，2019 年我国以语言服务为主营业务的在营企业达 8928 家，总产值为 384 亿元，年增长 3.2%，2015 ~ 2019 年我国语言服务行业发展迅速，江苏、北京、广东、上海、山东为该类企业主要所在地，语言服务业务与地区经济发展水平较为一致。

从目前的研究来看，自进入 21 世纪以来，国内外关于语言产业的研究已经较多，国内研究已经紧跟国际前沿，研究成果丰硕，然亦有不足之处，如实证类研究较少，但是苏剑（2014）和罗慧芳、蒙永业（2020）等学者也做出了有益的尝试。国外对于语言产业的研究注重理论模型建构以及对于实际数据的定量分析，这一点值得我们学习，从而解决更多的实际问题，尤其是在《区域全面经济伙伴关系协定》的框架下，结合国家发展战略，为区域经济合作和发展做出贡献。

第二节　语言经济学视域下对 RCEP 的语言产业研究

语言经济学跨学科给语言产业研究带来了新的视角，这也与语言产业的属性有很大的关系，从字面意义也可以看出，“语言”是定语，“产业”是中心语，所要研究的是“语言的产业”，其中是将“语言”作为要素，研究属于经济学范围的“产业”。本节对相关的一些研究方向进行梳理，在后面章节做出了一些拓展研究。

在语言经济学跨学科研究理论的指导下，要理清语言产业发展的内涵与外延，对相关研究做出细致的综合分析。贺宏志、陈鹏（2013）在《语言产业引论》中将语言产业根据“习得性”“传播性”“交流性”“欣赏性”和“信息性”等特征，将语言产业分为培训业、出版业、翻译业、艺术业和信息处理业等形式，所生产的产品类型可以分为“纯语言产品（如语言翻译）”“语言科技产品（如字库）”“综合语言产品（如语言艺术）”，这些分类都可以对语言产业的研究有所启发，其中“产品类型”的概念更具有投入与产出的经济意义。

结合语言产业的实际情况进行研究，亦可对语言学理论和经济学理论反向促进，探索其深层运作规律。在本书第九章中，谈到了语言产业中的语言测试，语言测试众多，但是不同的测试具有不同的信号传递作用，影响到了升学择业等，第九章就从信号博弈角度对这种现象进行了分析，通过这种分析亦可理解某些 RCEP 国家的招生现象引起的社会舆论。

在对国内外某些语言产业现状详细了解的基础上，可对语言产业的发展给出建议。比如说算是语言创意产业中的商标品牌设计，为什么社会上会出现那么多的“仿牌”，其背后的运作机制是什么，在本书第十章从信号传递博弈角度给出了一些答案。第十章通过分析 RCEP 国家的品牌语言景观，对于品牌语言的设计从信号博弈角度对不同的收益进行了探讨，虽然这种仿牌现象是“存在即合理”的，但还是从长远收益角度给出了一些建议，这对于市场品牌的规范化运营和官方制定政策规范商标品牌有一定的借鉴作用。

语言产业研究还可以从语言经济学的角度，通过统计分析、数学建模等手段进行探索，也就是说，既可对语言产业的现状等进行统计实证研究，也可结合国际形势对其将来的变化进行数学建模研究，从而分析出科学的发展方向。在第十二章我们尝试了在相关研究方面做出一点努力，从统计角度对我国与 RCEP 协定中某些国家的图书版权贸易进行了一些实证分析，用多元回归分析方式探讨了文字距离等因素与图书版权贸易的关系。

语言产业主要是将语言与经济发展相结合的一种经济行为，且是一种几乎纯绿色无污染的产业结构，其经营既可以满足国家或相关机构对于语言服务的需要，亦可以为个人的语言需求提供帮助。理解语言产业的属性，进行相应的归类研究，既可以为经济发展做出贡献，同时还可为高校专业设置及人才培养可提供合理的建议，这包括外语人才与汉语人才的培养等问题。

从实践情况来看，在由中国翻译协会发布的《2020 年中国语言服务行业发展报告》中，江苏、北京、广东、上海和山东位列前五，而其中最值得关注的是江苏，在 2019 年超过北京跃居全国第一位。还需要多了解的是，随着与东盟国家的交往增多，泰语、马来语、越南语等小语种的语言产业也不容忽视，一些省份可以利用自身地缘优势等特点，发展相关语言产业，这不仅可以促进经济发展，也可以促进当地少数民族语言的保护，如广西、云南等地。在 RCEP 协议签订背景下，还可对韩国、日本、澳大利亚、新西兰及东盟十国的相关语言产业情况进行收集分析，与国内的语言产业情况进行比较，做出实证研究，并结合相互合作的情况给出发展建议。

第三节　以翻译产业为例谈语言产业健康发展

随着国际化加深，不同国家间的交流增多，语言服务业会自然取得迅速的发展。区域经济一体化也会使区域间的联系更加紧密，使相互间的教育、经贸合作会更加广泛，语言的沟通成为其中重要的桥梁。而对于语言产业发展，也应有合理的规划措施，改善自己的不足之处，填补自身欠缺的领域，才可以使语言产业得到良性发展。

语言产业中一个较大的方向就是语言翻译业，包括商务类的语言翻译，还包括文学教育类作品的翻译。翻译产业是最值得关注也可能是最值得讨论的方向，按道理来说，语言翻译业对于质量的要求应当较高，但是市场上却充斥着大量的低端翻译作品，这一点用经济学的理论虽然可以分析，但是似乎需要一定的官方调控才能达到更好的效果。

语言翻译产品符合市场规律的原因是：如果翻译收益高，翻译质量一般会得到相应提升，而如果收益低，则可能造成质量欠佳（见图 8－1）。这种情况的话，既可能出现一个良性循环，也可能会出现一个恶性的循环。以恶性循环举例，收益低，造成翻译质量低，又因为翻译质量低，出版社也不想浪费更多的成本付出翻译费。对于许多专业类的书籍来说，人们对于翻译作品的质量似乎也逐渐不再关心，由于对于这些书籍，水平较高的人会直接读原著，而水平一般的人则对翻译版也不太有兴趣，因此，这些翻译作品大多成为语言产业中的垃圾。若欲改善语言翻译产业，则需要官方的一些调控，目前一些优秀的出版社也已经考虑到这些问题，在选择好国外较为优秀的作品后，聘请相关领域的专家对这些作品进行翻译，并提供较高的酬劳，因此，作品的质量也得到了一定的保障。如果这种做法能够坚持，并且得到有效的推广，那么也会形成一个良性的循环，翻译质量高，作品的销售量会增加，出版社的收益随之增加，出版社给予翻译者的酬劳同时也会得到提升，翻译者得到较多的酬劳，也会更加认真仔细地翻译相关作品，形成良性循环（见图 8－2），反之，则会形成恶性循环（见图 8－3）。从循环图可以看出，其实任何一个环节出现变化，则会影响到整个流程，为了形成翻译市场的良性循环，可制定一些措施避免出现某一环节的问题。

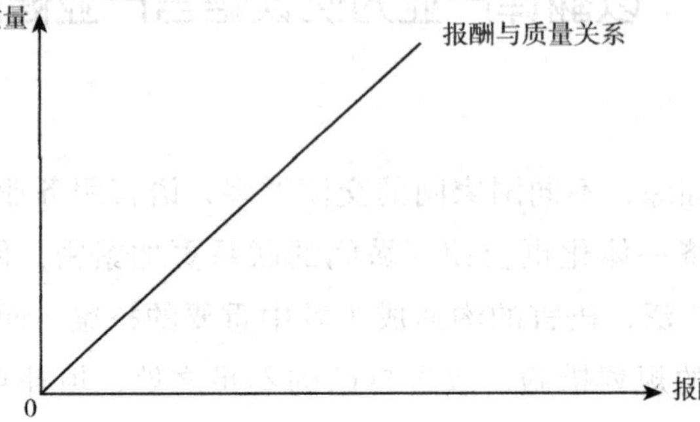

图 8－1　翻译报酬与质量关系图

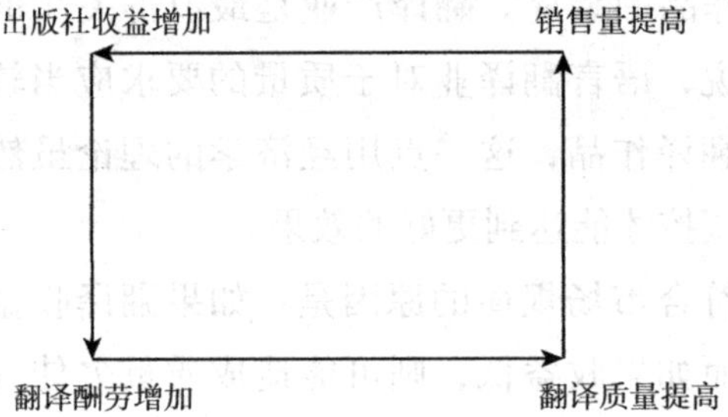

图 8－2　翻译市场良性循环图

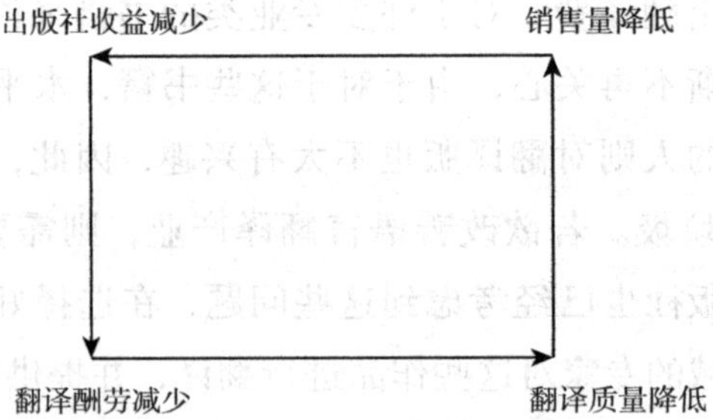

图 8－3　翻译市场恶性循环图

不管是翻译产业，还是其他语言产业的方向，语言产业的发展都需要进行相应的调控和制定相应的规划。罗慧芳、蒙永业（2020：1）在《中国语言服务产业研究》中提到了美国、英国、加拿大和澳大利亚等国通过相关政策体现出对于语言服务的重视，而 RCEP 大多数国家在这方面关注似乎还较少。罗慧芳、蒙永业（2020：33）引用了卡门森斯顾问公司（Common Sense Advisory）的语言服务调查数据，从发展趋势来看，全球语言服务产值 2009 ~ 2019 年逐年递增，然而发展却很不平衡，大部分的份额在欧洲和北美，亚太地区仅占 10% 左右，与欧美还有较大的差距。《区域全面经济伙伴关系协定》（RCEP）的签署对于促进亚洲和大洋洲的区域经济合作具有重要的作用，由于该协定涉及国家的语言有较大的差异，因此该地区的经济、贸易、教育和文化合作等也需要大量的语言服务机构来进行语言的互通，制定合理规划可促进彼此的合作与发展。

语言翻译等服务的需求也影响到大学的专业设置和人才培养问题，人才培养设置要考虑是否符合经济社会发展需求，如果将两者割裂，就会出现一方面学生就业难，另一方面却是企事业单位找不到合适的人才。因此，要合理安排各类专业尤其是商务语言类专业的设置及培养方案，使国际贸易与语言服务业互相促进，可根据国际贸易的语言服务需求情况做出分析，进行专业化的统计，运用统计数据促进专业设置的合理化。

第九章　从语言经济学视角谈语言测试的信号传递效应

语言测试同样具有信号传递效应，这在世界上各大学的招生条件中就可以看出。一般来说，学校的实力越强，对于语言的要求就越高，英语中如对于托福、雅思和GRE水平的要求，汉语中对于HSK水平的要求等。而如果某些学校对于入学的语言要求定得过低，那么人们可能就会出现一些不同的声音，在RCEP国家中，如菲律宾和马来西亚等国近几年认识到我国生源市场的巨大，有些学校就在招生的语言要求上定出了较低的条件，从而使某些学生毕业后在社会上遇到了不同的评价。这背后一个重要的原因，就是在信号传递时出现的问题，大家付出的努力不同，而得到的效益相同，从而失去了公平的意义。本章就从信号传递角度，对语言测试的信号博弈现象做出讨论和分析。

第一节　经济学视角下研究语言测试的意义

语言测试是语言产业的一个形式，亦具有巨大的经济和社会收益，如HSK考试在国际上的收益，雅思、托福考试在全世界取得的收益等。从官方角度对语言测试进行统筹规划，也可以算作是语言政策和规划的一种形式，其可算作语言地位规划，将某种语言设置为必考语言项目，可促进语言学习增加人们的沟通收益，如我国推广普通话等级考试所带来的效用和收益，使人们普通话能力增强，不但可以促进各地间人们的沟通，而且促进了就业。将某种外语考试列为中考、高考等必考科目，可以使人才培养具有国际化视野，具备国际沟通能力，其意义不言而喻。

某一类语言的考试也有很多种，如国外学习汉语的学生面临对考 HSK 还是考商务汉语进行选择的问题，中国学生面临各类的英语考试选择等。在 RCEP 签订背景下，是否将某些小语种列为选考科目，也可能对于就业及经济合作有着直接和间接的影响。本章尝试运用博弈论中的信号传递模型（signaling model）对语言测试的风险性（stakes）问题进行探讨。

这里的“风险性”，借用了语言测试常用的术语，其实质意义从博弈论来讲可以看作是博弈参与者的“收益”或者“效用”。风险（stakes）可以理解为“考试的成绩能够影响考生未来的程度”（Davies et al.，1999：185），典型的高风险包括毕业、就业、升学、晋升和移民等。国外学者对于风险性从验证视角（Kane，2002），从教师视角（Xerri and Vella Britta，2018），英语作为第二语言的测试视角（Winke，2011）等方面做了较深入的研究。我们的研究也借鉴了其中关于“风险”的概念，但是为了更容易理解，描述时大多将其改为“收益”和“效用”的说法，然后尝试运用信号传递原理，来讨论不同类型测试的风险性问题。研究主要从测试方与考生博弈出发，探讨测试方的收益与考生收益的最大化问题，进而也可分析当前高校教师学历的提升问题，以及官方测试改革与发展的策略方向。

这里我们假设了语言测试中信号博弈的双方：一方是考生（包括打算进行学历提升的教师）和学校，另一方是测试开发方。考生会考虑到某类测试的风险性，即考试所带来的毕业、就业和升学等方面的收益，官方在开发测试时需要考虑到应试者的需求，又要考虑到社会发展的需求，同时还要兼顾自身的利益，才能使测试的效用最大化，因此这是一个双方相互博弈的一个过程。根据双方的博弈来分析对于语言考试的选择所反映出的测试效用问题，一方面可以通过分析，使考生选择更有益的测试，有助于“以考促学”“以考促教”和“以考促能”等目标的实现；另一方面语言测试可通过内容和价格的合理制定，保证考试市场的公平公正和效率性。当前我国的外语教育处在快速发展阶段，国家对于具有国际视野、懂得国际规则、能够参与国际事务的跨文化沟通能力人才的培养越来越重视，因此，各类外语测试如果要适应社会发展，进行相应的改革和推广，需要在各方收益方面认真权衡，这样才能发挥语言测试的最大效用。

第二节 语言测试信号传递博弈模型的精炼贝叶斯纳什均衡

一、关于信号传递模型可否应用在语言测试中的说明

信号传递博弈模型是博弈论中的一个重要分支，其属于非完全信息条件下的动态博弈，其均衡条件通常被称为精炼贝叶斯纳什均衡。Spence（1973）研究了不完全信息条件下劳动力市场的信号传递模型，Gibbons（1992）分析出了精炼贝叶斯纳什均衡的四个要求，但是对于信号博弈来说，其中的前三个要求就已足够。语言测试的信号传递具有异曲同工之妙，因此我们尝试进行研究和说明。

我们在这里做这样的假设，从当前存在的各类英语考试来说，对于考生来说属于商品，考生可以选择参加考试，也可以选择不参加，许多公共英语类的考试大多数学校已经不将其作为毕业的必要条件，不同国家的高校在入学标准上所要求的语言水平也不同，甚至可以参加本校组织的语言考试即可取得入学和毕业资格。而对于测试方来说，学生可以被看作是其消费者，只有学生参加该项考试，该考试才能有收益。对于考生来说，可以选择这类考试，也可以选择那类考试，而学生选择的标准则是参加此类考试获得效用的大小，只有在学生可以获得更大效用的前提下，考生才选择某类考试。这里提到的效用，可以是现实性的关于升学、就业、学分和奖学金等效用，也可以是提升自己的外语沟通能力等效用。

而关于某类考试可带来的效用，考生有时是很难判断的，虽然任何一类考试都有众多的说明，但并不等于考生真正了解这门考试，就如网上的某件商品，消费者看了众多介绍，并不等于买回来的商品真正满意。而当前的英语类考试又是五花八门，考生作为消费者，怎样才能做出理性的判断呢？根据考生的需求，该考试制定怎样的策略才能真正吸引到学生呢？我们将就这个问题运用信号传递博弈的方式进行解析。对于信号传递博弈模型，经济学家们对此关注较多，而在语言研究中运用较少，语言测评中运用该模型的研

究尚未发现，我们相信，该模型对于语言测评也是有着一定意义的。下面我们尝试运用该模型对英语测试的情况进行探析。

二、语言测试信号传递博弈模型的精炼贝叶斯纳什均衡

在语言测试中，我们假设博弈的参与者为两方：测试方和考生，测试方为信号发出者，而考生为信号的接收者。测试方出题，制定好价格，希望考生来参加考试，考生则根据不同测试可带来的效用程度选择适合自身的考试。测试方与考生通过博弈根据不同情况制定自己的最佳策略。

这里设定测试方的信号为价格，价格的制定与成本有关。假定测试方的生产成本有两种类型，高成本 C_h 和低成本 C_l。当测试方成本较高时，我们假设该类考试效用较高，因为测试方可能聘请到诸多专家参与到出题中，也可能动用了机考等现代化测试手段，其测试的效度也应相对较为合理；相反，当测试方成本较低时，我们假定其考试效用相对较低，将这两种语言测试类型设定为 T_1 和 T_2。考生作为信号接收方，看不到测试方的成本，只能根据价格推断，即某类测试的报名费用。测试方制定的报名费用策略分为两种，一种是高价报名费，另一种是低价报名费。而考生也有两种策略，一种是参加考试，另一种是不参加考试。设定高的报名费用为 F_h，低的报名费用为 F_l，考生参加不同类型考试后获得的效用分别为 U_h 和 U_l。两者的信号博弈模型如图 9－1 所示。

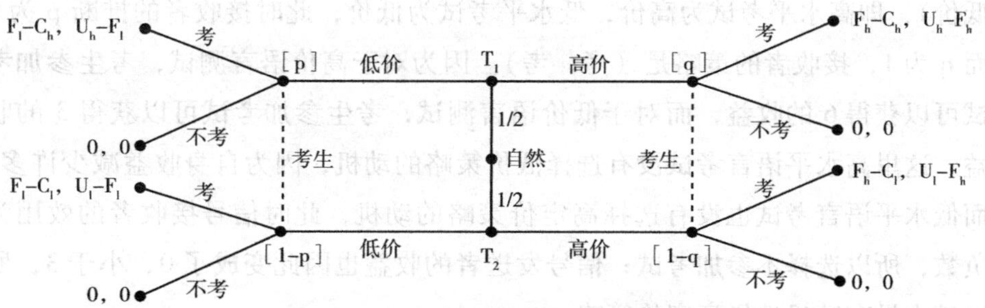

图 9－1 测试方与考生信号博弈图

这是一个两种类型两个信号的博弈，从图 9－1 中是能够发现这里的博弈是存在两类纯策略精炼贝叶斯均衡的，即一个混同均衡和一个分离均衡。为了能

够对这个混同均衡和分离均衡有比较容易的理解，我们将前面的符号设定代入数值，从而可以更为浅显地理解这个问题。当然，在实际的情况中，测试方也可以根据提前的调研摸底设定真正的数值。在这里，我们设定高报名费用 F_h 为 10，低报名费用 F_l 为 5，高成本 C_h 为 4，低成本 C_l 为 2，考生获得的高效用 U_h 为 16，低效用 U_l 为 8，从而图 9－1 可以改写为如图 9－2 所示的树形图。

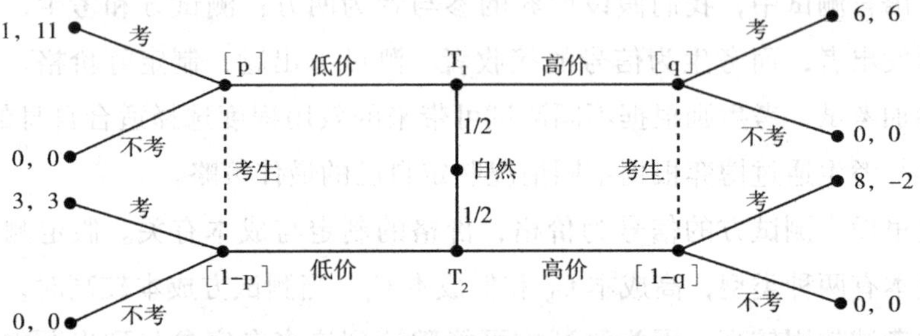

图 9－2　设定数值的测试方与考生信号博弈图

对该模型进行收益分析后，博弈的精炼贝叶斯纳什均衡有这样两种：（1）分离均衡。即高水平语言考试采用高定价策略，也就是说，释放的是高价格信号；而低水平的语言考试采用低定价策略，释放低价格信号。（2）混同均衡。不管是高水平语言考试还是低水平语言考试，都采用低定价策略，释放低价格信号。但是这个混同均衡需要具备一定的条件。

我们根据 Gibbons（1992）的研究对存在的两个均衡进行分析。先从较为容易理解的分离均衡说起，在这个均衡中，信号发出者选择的策略为（高价，低价），即高水平考试为高价，低水平考试为低价，此时接收者的推断 p 为 0 而 q 为 1，接收者的策略是（考，考）。因为对于高价语言测试，考生参加考试可以获得 6 的收益，而对于低价语言测试，考生参加考试可以获得 3 的收益。这里高水平语言考试没有选择低价策略的动机，因为自身收益减少许多，而低水平语言考试也没有选择高定价策略的动机，此时信号接收者的效用为负数，所以选择不参加考试；信号发送者的收益也因此变成了 0，小于 3，所以其也没有动机选择高定价策略。

再来看混同均衡可能出现的情况。混同均衡不可能都采用高定价策略，因为考生付出高费用参加低水平语言测试的效用过低，因此一般不会形成这种均衡。但是在一定条件下，可能会形成测试方都采用低价策略的均衡，我们来分析这种均衡出现的条件。此时的情况是，如果测试方采用高定价策略，考生就会选择不参加考试的策略，因为此时不参加考试的效用大于参加时的效用，利用图 9-2 的数值和概率进行分析，即为计算 $(1-q)\cdot 0+q\cdot 0\geqslant(1-q)\cdot(-2)+q\cdot 6$ 时的 q 的限制条件，此时 $q\leqslant\frac{1}{4}$，也就是说，只有在高水平语言测试的先验概率低于一定水平的情况下，会出现不管是高水平语言考试还是低水平语言考试都采用低定价策略的均衡。

分析出来语言测试中信号传递博弈的精炼贝叶斯纳什均衡，我们可以继续探讨模型均衡的意义。在我们的认识里，呈现出分离均衡才能保证考试市场的公平公正和效率性，此时各类语言考试各负其责，真正起到测试的意义。而如果某类英语测试没制定好自身的策略，使 q 的值过小，则造成整个考试市场的“失灵”，那么整个英语测试市场会呈现一种混乱的状态。不过，从当前的英语测试市场来说，基本是保持分离均衡的，托福、雅思和 GRE 等考试基本维持了高定价策略，其也带来了较高的效用，世界上诸多名牌院校也将这些语言成绩作为入学的基本要求，而一般的高校则可能不使用这些语言测试成绩，例如，我们在本章开始时提到的某些东南亚国家高校的情况。从信号传递角度来说，人们认为这些高校入学要求低，而考生获得的收益过高，不符合信号传递的均衡原则，从而在社会上带来了一些并不算是积极的影响。

RCEP 国家中留学归国学生受到的评价和语言测试的信号传递原因有一定关系，澳大利亚、新西兰和新加坡等国语言测试要求高，而菲律宾、马来西亚等国语言要求低，由于都可以获得同等的效用等原因造成了信号传递的不公平，因此社会上对此出现了一些不太高的评价。另外，我国国内的英语测试如果能与国际接轨，也可以在信号传递方面体现出重要的作用。

第三节　常见英语测试的“信号传递”

从语言测试发展的眼光考虑，当前我国对于英语测试越来越重视，且已经制定了评价中国学生英语能力的《中国英语能力等级量表》。目前我国存在的英语考试类型较多，既有针对非英语专业学生的考试，又有针对英语专业学生的考试，还有新近兴起的国际人才英语考试（ETIC）（不分英语专业和非英语专业）等，相信在不远的将来，可能还会有其他考试类型加入，或者是将目前的某类英语考试进行符合时代发展的改革，而在改革时，怎样确定自己考试类型的效用，付出多少成本，在报名费用定价时怎样才能获得更好的收益，都是值得考虑的。要想使先验概率大于某种范围，一方面，测试方可通过某种策略进行宣传，如该测试可带来的就业优势等；另一方面，官方层面也可以建立语言考试信誉制度，根据情况对于某类语言测试进行宣传扶持等。第二节主要是从宏观方面探讨了测试方与考生的博弈问题，另外，试题内容能不能真正起到测试的效果，以及测试与新编的《中国英语能力等级量表》怎样契合也是值得考虑的问题。

总体来说，信号传递原理是指传达出怎样的信息与人们怎样选择的问题，作为英语测试也是这样，某一类型的测试反映了学生某一方面的能力，这一能力可能是社会需要或不需要的。我们借用其他学者对于英语测试的研究，在这里简单对几种常见的英语测试从信号传递角度进行说明。

王守仁（2011：12）提到大学英语四级、六级考试“既是以检查教学工作为目的的教学考试，同时也是以测量语言能力为目的的水平考试。”金艳、杨惠中（2018：30）在说明四级、六级考试设计原则中提到“大学英语四级、六级考试是为大学英语课程体系服务的教育考试。四级、六级考试设计的基本原则是根据大学英语课程要求确定测试目标，并运用应用语言学领域的研究成果界定考试构念。”总的来说，四级、六级考试主要是为大学英语教学服务、检测学生对于英语基础语言能力的掌握的，从信号传递的角度来看，主要是教师教学与学生学习效果之间关系的相应体现。

“国际人才英语考试”是新近推出的一类英语考试，罗凯洲、韩宝成（2018：41）对“国才考试”的五个等级所要检测的能力进行了详述，如“‘国才’初级用于评价、认定高校学生及社会人士在日常接待和熟悉的工作场合运用英语开展工作的能力，包括能理解并呈现口头及书面材料关键信息的能力、说明情况的能力等。‘国才’中级用于评价、认定高校学生及社会人士在常见的国际交流与工作场合运用英语开展工作的能力，包括概括口头及书面材料要义的能力、分析论证性材料的能力、阐明及论述观点的能力等”。

杨莉芳（2018：49）提到“选拔和培养具备思辨能力与跨文化交流能力的人才，必须运用相应的测评方式”，又通过分析得出“综观‘国才考试’的任务设计，融合思辨能力与跨文化交流能力的复合型构念通过口头与书面沟通任务得以实现”（杨莉芳 2018：54）。我们从信号传递的角度来分析的话，即国际人才英语考试体现的是社会发展需求与学生所具有的英语跨文化沟通能力之间的关系，这可能也是某些企业在选拔人才时对“国才考试”越来越重视的原因。

另外还有英语专业的四级和八级考试、全国英语等级考试（Public English Test System，PETS，分为五个等级）等，其影响范围暂且相对较小，其主要的检测效果与大学英语四级、六级考试还是类似的，如戴炜栋、冯辉（2010：4）提到“英语专业四级、八级考试是检查我国各个高校英语专业教与学水平的一种手段”。

当前国内语言测评问题受到学者们越来越多的重视，语言测评的研究已经涉及方方面面，仅就一次学术会议，就包括“语言测评标准的研制原则与方法、语言测评标准的开发与整合、语言测评标准的效度研究、语言测评标准的对比和应用研究、语言测评标准与测评素养的界面研究等”（潘明威、肖杨田，2018：64）。也有学者对于有关语言测评的研究进行了以 10 年为一阶段的系统性梳理（蒋显菊，2007；江进林，2018）。从语言经济学角度谈语言测试，研究虽不多，但已有学者做出尝试，何莲珍、张慧玉（2017）和王莲（2018）从语言经济学的角度对于中国英语能力等级量表进行了详细的探讨。

本章从语言经济学的角度，运用信号传递博弈模型试分析了语言测试的风险性问题。官方在开发测试时需要考虑到应试者的需求，再就是要考虑到社会应用的需求，同时还要兼顾自身的利益，设定合理的测试价格，才能使测试的效用最大化，因为这是一个各方相互博弈的过程。而对于国际市场上已有的语言测试来说，其基本呈现出分离均衡的状态，学生们不同的选择也决定了对自身未来的影响。

第十章　语言经济学视域下 RCEP 国家的商标品牌语言分析

关于语言对经济的影响，商标品牌和广告语言是其中的一个非常有趣味的方面。在经济学中，商标和广告主要是用于垄断竞争的分析，因为在垄断竞争中，对于类似的商品来说，市场上虽然具有众多的销售者，但其产品的品质却是千差万别的，怎样说明自己的产品更好从而吸引到更多的消费者，商标品牌和广告就成为一种营销手段。

关于广告品牌与经济关系的研究，早在 Grin（2006：81）在谈及语言与经济活动的关系时，就讨论到了人们是否选择用母语做广告的问题。在本章中，我们主要讨论商标品牌的语言名称对于经济活动的影响，如仿牌所带来的短期收益和长期收益分析，运用信号博弈的方法进行探究。

第一节　RCEP 国家商标品牌的语言景观

去一个国家旅行时，映入眼帘的除了异国他乡的自然风景外，还有十分常见的就是语言的景观。而一个国家所生产产品的商标品牌是非常重要的语言景观，品牌语言也会带来经济上的外部性效应。这一节我们主要从语言特征的角度对 RCEP 相关国家的一些品牌进行梳理，为第二节运用信号博弈理论对品牌语言的效用进行分析打下基础。

一、一般商标品牌所用语言的特征

作为有理想的商标品牌，在语言使用上主要有三个特点：本国语言的使用、英语的使用、对象国语言的使用。作为自己的民族品牌，商标必然会打上自己语言的痕迹，但是为了使自己的产品能够走向世界，往往也会采用英语或者拉丁字母形式作为自己的国际通用品牌语言，为了使自身的产品在某个特定国家取得较好的收益，也会翻译成当地的语言。

以我国的产品为例，也有许多影响力较大的品牌，这些品牌大多具有以上提到的前两个特征，采用汉语名称如“华为”“腾讯”“阿里巴巴”“茅台”“京东”“抖音”“海尔”“美团”“美的”“联想”“青岛啤酒”等，同时具有拉丁字母形式品牌语言，有趣的是，由于历史上拼写方式的不同等原因，其英文或拉丁字母拼法具有不同的形式。

汉语商品品牌拉丁字母的拼写形式分为三种：现代汉语拼音形式、威妥玛式拼音形式、英语词汇。采用拼音形式的如“HUAWEI”“Alibaba”“Haier”等，这类企业的历史大多相对较短。由于汉语拼音方案在 1958 年以后才逐渐广泛应用，之前在我国威妥玛式拼音曾在人名、地名和校名等方面有较为广泛的影响，所以有些具有悠久历史的品牌沿用了之前的拼写方式，如茅台的“Moutai”、青岛啤酒的“TSINGTAO”、张裕葡萄酒的“CHANGYU”等。我国一些著名大学的校名也是采用这种威妥玛拼音形式，如清华大学“Tsinghua University”、北京大学“Peking University”等。还有企业采用英文的形式，如腾讯的“Tencent”、美的的“Media”、格力的“Gree”、抖音的“Tiktok”、联想的“Lenovo”等，其中“腾讯”“美的”和“格力”的英文更像是音译，而“抖音”海外版的名称更像是意译，“联想”的英文标识更像是音译和意译的融合。总体来讲，这些国产商品的品牌命名策略兼顾了寓意和影响性，采用的汉字的意思大多具有积极意义，采用的英文标识符合各自时代的要求，而且也兼顾到了品牌的传承与创新，在质量也有优质保证的情况下，这些商品不但占据了大量的国内市场，同时在国际市场上具有一定的竞争力（见图 10－1）。

中华文化中的“有朋自远方来，不亦乐乎”思想深入中国文化的骨髓中，

图 10－1　部分中国商标品牌语言

这种好客之道既包括“待人”，又包括“接物”。国外品牌进入中国时，运用到了前面我们提到的品牌命名的第三原则：对象国语言的使用。来到中国的品牌，大多起了一个比原来外文更为精彩的名字，其产品也往往获得大卖，以汽车品牌为例，德国的“Benz”如果尝试采用汉语拼音进行音译，则可能翻译成为“笨子”，那么人们看到这种名称后购买的愿望肯定会降低，而现在采用的名称“奔驰”既具有音译的效果，同时在汉语中是个褒义词，而且表达了汽车能够迅速行驶的“奔驰”含义，带来了更多的积极意义，从行为经济学的角度来看，给人们购车带来了心理上的暗示。与此同样的情况的又如将“BMW”翻译成为“宝马”，该品牌的前两个字母正好与“宝马”的汉语拼音首字母一致，而“宝马”一词的褒义属性与古代骏马的词义也赋予了这个品牌汉语翻译的丰富内涵，同样给人们购车带来了正面的心理作用。

当然，有的品牌也曾经出现一些失误，以 RCEP 国家中的日本为例，其汽车品牌“NISSAN”曾采用“尼桑”的汉语音译，但是这种译法在汉语中容易让人联想到一些贬义的内容，人们在结婚等喜庆场合更是忌讳这类品牌的出现，这种情况同样会影响到产品的销量，后来该品牌放弃了“尼桑”的音译方式，而改用“日产”意译。

对于 RCEP 国家中的日本、韩国来说，由于其文字并未使用拉丁字母，其品牌推广符合我们前面提到的三个特征，即这些品牌会使用本国的语言、英语（拉丁字母）和海外市场当地的语言，如韩国的“삼성”“Samsung”和“三星（在中国市场）”。澳大利亚和新西兰由于本身是英语国家，因此其品

牌自然采用国际通用的英语的形式，东盟国家的品牌优势在于水果等产品，消费者更注重产地，品牌意识尚且不强。另外，由于许多国家极为重视英语的地位，文字也采用拉丁字母形式，如马来西亚、印度尼西亚和菲律宾等国，因而在制定品牌商标时，使用英文和使用本民族语言的效果基本可以说是一致的。

前面提到的三种品牌语言的特征，是为了可以追求经济学利益的最大化，且几乎没有增加太多成本，而开拓市场收益却能增加，因此这里的语言对于经济起到了比较重要的作用。但正是由于品牌的重要性，人们可能会借用一些已经较为知名的品牌制造类似的商品，因此出现了一些仿牌现象。

二、你是否见过似是而非的名牌？——仿牌的语言特点

仿牌，顾名思义，是对某些品牌的模仿，通过其他品牌的知名度，来促进自己商品的销量。这是一种独特的语言经济现象，其仅仅通过模仿其他品牌就获得了较高的收益，所以造成这种现象屡禁不止，这里我们仅探讨仿牌的语言类型，尝试说明其为什么会带来效益，第二节运用信号传递博弈模型进行了分析。而怎样通过法律等措施进行相关管理，不是这里详细探讨的范围。

所谓名牌，是指经过长时间口碑的积累，形成了在一定范围内具有知名度的品牌。当这种范围扩大到全世界时，就成为世界品牌。一些初创的品牌，为了实现自身的经济利益，在品牌语言上仿用名牌，使人难以分辨，其借用了语言的技巧和人们追逐名牌的心理作用。当然，实际上这些产品的价格与真正的品牌还是有很大的区别。

仿牌语言的种类可以分为：字体相似、其他语言翻译文、图片相似、品牌所指商品转移等。字体相似主要表现为两种：外语相似、当地语相似。外语相似是指语言上进行相应的模仿，如将 Polo Ralph Lauren 仿为 Polo Sport，许多人认为这是 Polo 品牌的一个新的类型。当地语模仿著名品牌的情况也是利用字形相似，如模仿“康师傅”的“康帅傅”等。翻译文相似分为两个类型：英文品牌的汉译、汉语名称像英文或其他外文。如国内“乔丹（Qiaodan）”

运动品牌，是借用外国优秀运动员的声望，但是并非“Air Jordan”品牌，这是一种对于英文的翻译。而汉语品牌名称像英文或其他外文的则数不胜数，如衣服品牌中的“杰克琼斯”“思莱德”等、饮料中的“元气森林”等。图片相似则是模仿设计图案，毕竟图形可以称为文字的起源，如新加坡鳄鱼品牌（CARTELO）和法国鳄鱼品牌（LACOSTE）图案的相似，又如“乐虎”和“非常可乐”的瓶装设计，又如“喝开水”瓶装水系列的模仿，与起源商品图案都十分相似。再就是将某些领域的名牌引向其他产品，如 JEEP 本来是汽车品牌，却出现了各式各样的服装等。

三、经济学视角下对于品牌语言的思考

良好的品牌语言对于产品的销售往往具有正面的影响，而低劣的品牌语言则可能会带来较为负面的影响。仿牌语言可能短期内会带来经济收益的快速提升，长期却可能有着对于产品销售的负面作用，这一点与生产消费双方是否掌握更多信息相关，我们在第二节运用博弈理论对此展开探讨。

品牌语言的成功，要考虑人们的行为心理学，当然也要考虑自身经济上的效益，同时还应从长远角度考虑品牌的传承性。一个立得住站得稳的品牌，通过自身产品的质量形成口碑和企业文化，最终会带来正面的长久的影响，也会成为民族品牌的骄傲，是一个国家、一个民族产生民族自信和文化自信的一部分；反之，目光短浅的品牌语言设计，其效果短期内似乎有收益，但这往往是一个饮鸩止渴的办法，尤其是在国际交流时不利于自身文化自信的传播。对于品牌语言的短期影响和长期影响，我们尝试从信号传递博弈角度做出一个分析。

第二节　商标品牌语言的信号传递博弈分析

任何新生产的商品，在市场上进行销售时，一般都要设立一个品名，这个名称一般是由语言构成的。品牌使用的语言所带来的收益影响是不容易估

计的，一般好的品牌语言有助于产品的销售，而差的品牌语言可能会阻碍商品的销售。一个新商品采用品牌语言的策略很多，其中最为主要的可以分为两类：自己独特的品牌、模仿其他品牌。

在市场上可以见到各种品牌的同类型商品，消费者在购买时需要进行辨别，对于大部分消费者来说，其购买商品的信息主要来自品牌和价格，大品牌往往更值得信赖，而价格便宜亦会得到消费者的欢心。作为新出现的商品而言，怎样制定品牌的语言，也是一个关乎自身经济利益的问题，本节从信号博弈的角度对这种语言经济现象展开讨论。

信号博弈是两种类型参与者之间进行的非完全信息博弈，我们尝试就品牌语言的博弈做出如下假设：博弈的参与者分为"生产者"和"消费者"两种类型；生产者为了将商品销售出去，具有两种品牌语言策略，一种是采用自己独特的品牌（简称为"自身品牌"），另一种是采用模仿其他品牌的策略（简称为"仿牌"），价格上可采用"高价"和"低价"策略；消费者的策略则是根据生产者的品牌和价格决定自己购买还是不购买这种商品；两者的收益情况可以根据这些假设给出；根据收益情况分析，可以求解该博弈的均衡，均衡分析是认识这种现象本质的基础，对于制定相关官方政策可以给予一定参考。

我们先借鉴 Gibbons（1992）对于非完全信息动态博弈的分析方法来看一看市场上品牌原因所造成的均衡问题，从而理解为什么新厂商可能会采用"仿牌"和"自身品牌"策略。市场上商品的信号博弈如图 10－2 所示，名牌商品和普通商品都可以采用"低价"和"高价"两种策略，名牌产品往往原材料、人工等成本较高，其成本设定为 C_h，普通产品设定为成本 C_l，消费者

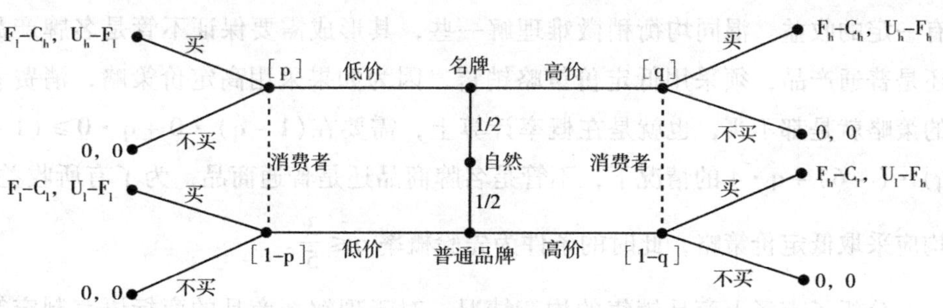

图 10－2　品牌的信号传递博弈图一

购买名牌产品获得的效用为 U_h，购买普通产品时的效用为 U_l，消费者购买商品时的费用为 F，高价时设为 F_h，低价时设为 F_l，从愿望来讲，消费者当然是希望花费低价格购买名牌商品获得更高的效用，这种均衡也是可以达成的，却并不容易。

在图 10－2 中，厂商的收益由销售收入减去成本给出，消费者的收益由获取的效用减去花费给出，消费者不购买时各自的收益都为 0，对这个两种类型两种信号的博弈进行分析，可以了解到该博弈存在两种纯策略精炼贝叶斯均衡：一种为混同于低价格的均衡，即不管是名牌产品还是普通产品，都采用低定价策略；另一种是分离均衡，即名牌产品采用高定价策略，普通产品采用低定价策略。我们运用代入数值的方式对这两种均衡的条件进行一个探讨，假定名牌产品成本 C_h 为 10，普通产品成本 C_l 为 5，消费者购买名牌产品获得的效用 U_h 为 25，购买普通产品获得的效用 U_l 为 15，高价格 F_h 为 21，低价格 F_l 为 11，图 10－2 可以写为如图 10－3 所示的形式。

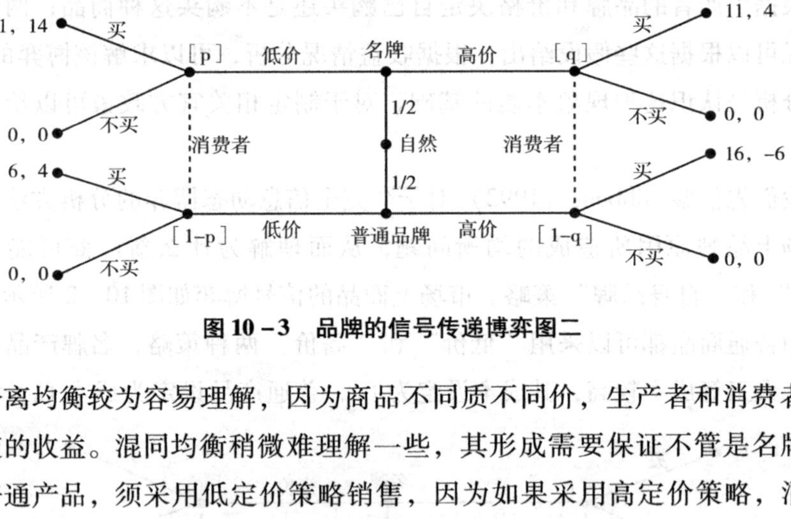

图 10－3　品牌的信号传递博弈图二

分离均衡较为容易理解，因为商品不同质不同价，生产者和消费者也都有一定的收益。混同均衡稍微难理解一些，其形成需要保证不管是名牌产品还是普通产品，须采用低定价策略销售，因为如果采用高定价策略，消费者的策略就是都不买，也就是在概率计算上，需要在 $(1-q)\cdot 0+q\cdot 0\geqslant(1-q)\cdot(-6)+q\cdot 4$ 的情况下，不管是名牌商品还是普通商品，为了有所收益，均应采取低定价策略，此时的条件为先验概率 $q\leqslant\frac{3}{5}$。

分析了市场上商品销售的均衡情况，对于理解新商品的商标语言制定策略可以有一定的认识。我们可以看到，在图 10－3 中，当处于分离均衡时，名牌商品的收益为 11，而普通品牌商品的收益为 6，这当然是在商品成本还是有差异的情况下，如果商品成本无差异，则名牌商品的收益会更高，这就给了“仿牌”商标出现的机会。对于普通消费者来说，在信息不畅的情况下，对于真正的名牌和“仿牌”是“傻傻分不清”的，在此情况下，“仿牌”就可以通过较高的价格获得了更多的收益。还有，即使是在混同均衡下，如果消费者对“仿牌”是处于“傻傻分不清”状态下的话，认为是购买到了名牌，其效用上是远大于购买普通品牌的，因此也会倾向于购买“仿牌”而不是普通品牌。总结来说，通过对于商品信号博弈的分析，不管是在分离均衡还是混同均衡的情况下，“仿牌”的语言策略对于新商品而言都是具有更大的收益的，这也造就了市场上的“仿牌”层出不穷。

前面的信号博弈分析只是从语言经济的角度给出了“仿牌”存在的原因，并不是说明这种商品语言制定策略是正确的。事实上，这种品牌制定的语言策略影响到了市场的公平，甚至引起了企业间的官司，造成一些不良影响，当然这需要相关部门进行管理，而不是我们语言经济研究者所能处理的，不过，我们亦可以根据信息社会的发展推断出这种投机取巧的语言商标制定策略是难以为继的。

“仿牌”利用的一个重要信息是消费者对于真正品牌的不知情，如仅对 Polo Ralph Lauren 的仿牌就有多种，在韩国电视剧《请回答 1988》中就曾出现男主人公买到了该商品假品牌的情况，女主人公对男主人公进行了讽刺，并且提到了衣服 Logo 上“马有六条腿、打乒球者拿三叉戟”这种很明显的辨别信息（见图 10－4）。但这种状况是建立在信息社会不发达消费者不知情的情况下，而随着社会的发展，购买“仿牌”者如果意识到了自己花了不少钱，却买到了让大家啼笑皆非的品牌，那么其效用就会成为负数，因此此时“仿牌”的销售就会遇到困难。短期来看，“仿牌”可能会获得更多的收益，而从长期的眼光来看，采用“自身品牌”策略更具有价值，虽然前期收益不如“仿牌”，但是通过长期品牌形象的积累，可能会成为真正的名牌。即使是成不了名牌的情况下，购买该品牌并不会让消费者“丢脸”，如果又能吸引到可以信赖该品牌的消费者群，则为品牌的长期发展打下了良好的基础。

本节我们借助非完全信息动态博弈理论，探讨了商标品牌语言的信号博

图 10-4　韩国电视剧《请回答 1988》中 Polo Ralph Lauren 仿牌

弈，研究目的为从信号博弈角度出发，对品牌设置的策略进行理性分析。博弈的信号发出者为生产者，信号的接收者为消费者，博弈的均衡结果体现出了品牌的语言所带来的经济收益问题，“仿牌”的存在具有经济上的可理解性，但这种经济效益是短期的。随着人们认识的提高和更多的信息判断，采用“自身品牌”才是更为长远的策略；随着质量以及口碑影响力的提升，自身品牌也会逐渐成长为名牌。在 RCEP 国家中，不管是早已处于发达国家系列的日本，还是在 2021 年刚刚列入发达国家的韩国，也包括经济迅速发展的我国，都有许多成功可以借鉴的例子，许多自身品牌产品已在世界上具有较大的影响力，设想一下，如果这些品牌初创时采用的是“仿牌”策略，会带来怎样的不利影响。

商标品牌是营销的一种语言手段，是语言与经济关系研究一个有趣的内容，值得我们继续探讨和发现。商标品牌往往也是由语言构成的，以往的语言规划对于商标品牌并没有考虑在内。在有些国家出现了较多“仿牌”的情况，当然，有些商标品牌的侵权可能需要通过法律来界定，在这里探讨的是，为什么会有很多“仿牌”出现，其背后的经济原因是什么，其策略是短期理性还是长期理性。本章尝试从经济学和语言学相结合的角度说明了其规律和原因，不同的商标品牌到底是传达怎样的信息，在信息对称的情况下哪种策略更具有长期收益。

为了长期收益，企业需要对商标品牌的语言设计认真考虑，这甚至催生了专门设计商标及广告的相关企业，这类行业迅速发展，甚至成为一种语言产业。在中国，由于姓名含义的重要性，设计姓名也成为一种经济现象。另外，品牌的影响力与广告也有巨大的关系，采用怎样的广告投放策略以及使用怎样的语言也是值得考虑的问题，可以说是“无规律，不广告”，清楚广告所产生的收益规律，同样可以起到增加收益的结果，许多广告利用语言的“诚实”取得了更多的收益，如“本产品不添加任何防腐剂”“99.9% 抗菌”等，尤其是“99.9%”的说法使人们更相信这是真的，促进了相关产品的销售。这种语言的经济效益是在考虑了人们购物心理的情况下又结合产品的特征做出的，也算是语言对于经济产生的效用。

第十一章　数学模型与语言规划研究

数学模型在自然科学中有着广泛的应用，社会科学研究中的应用虽不多，但在语言政策和规划领域，已有学者尝试用数学方法进行研究。运用数学方法对语言政策和规划进行分析，可对语言政策和规划的效果进行较好的预测，从而促进更为科学合理的语言政策的制定。本章介绍了语言政策和规划相关领域采用到的数学模型，尤其是动态系统演化的模型，通过模型梳理，一方面可对语言规划领域的数学方法有所认识，另一方面可运用语言经济学的视角对语言政策和规划进行更为理性的分析。

第一节　数学模型在语言学研究中的应用简介

一、数学模型在语言学研究中的应用

数学模型通常运用在自然科学的研究中，而社会科学中使用较少。但是在语言学的研究中，数学的应用越来越广泛。著名学者冯志伟先生在数理语言学和计算语言学领域都做出了突出的贡献，相关作品如《数理语言学（增订本)》（冯志伟、胡凤国，2012）；著名学者刘海涛教授则在计量语言学领域做出了突出的研究成果，相关作品如《计量语言学导论》（刘海涛，2017）和《计量语言学研究进展》（刘海涛，2018)。两位学者的重要研究论文亦数不胜数，这些研究都促进了语言学研究领域的开拓以及理性化。在语言学的诸多研究领域中，还有一个领域特别适合数学的应用，即社会语言学。

在社会语言学领域，常用的数学方法为统计学，运用统计学的理论可以对语言接触、语言维护、语言转用以及语言规划等方面的状况做出一些实证分析。实际上，其他的数学知识在语言研究中也可起到十分重要的作用。本章就从已有的研究出发，探讨在语言规划领域用到的数学模型。所谓在数学模型中提到视角为语言经济学，因为这些模型的一个重要特征就是可以最终归结到“收益”，也就是经济学性质的解。关于经济学性质其实也是比较容易理解的，因为不管是理性的还是非理性的，是自我感知的还是被动感知的，个人的语言文字选择以及国家的语言文字选择大多会基于一个“效用”或“收益”，其最终的目标是“收益最大化”。如果选对了方向，则相应的语言政策和规划会促进个人和国家的发展；如果选错了方向，则会使个人或国家在语言文字使用上走一些弯路。因此，基于经济学的收益角度出发，运用好数学模型，可使语言政策和语言规划更为科学和理性化，从而促进社会的发展。

二、收益最大化的简约说明

经济学的原则一般是利用有限的资源，实现收益的最大化。经济学家曼昆（2015：3）的观点是“经济学研究社会如何管理自己的稀缺资源”。不管是个人还是一个社会整体，享有的资源一般都是有限的，如何使有限的资源发挥出最大的效用，这是经济学需要考虑的。对于语言来说，虽然其是一个具有非竞争性消费（non - rival consumption）和非排他性（non - excludability）特征的公共产品（Deumert，2020：83），但是作为个人，学习一门语言需要付出一定的时间，时间作为个人的一种不可再生资源，在语言学习尤其是外语学习时需要认真考虑，从而获取自身的最大效用。作为社会整体来说同样如此，一个国家制定语言政策和语言规划，其根本目的在于，通过制定相关政策使整个国家或社会的收益最大化。

虽然收益最大化的原理可以较为轻易地理解，但关键的是，如何制定个人、家庭或者社会整体的语言规划方案，从而实现收益的最大化，这是一个值得深入思考的问题。以往非经济学视角的研究，从语言学、社会学等角度的研究比较深入，已经将语言规划分为地位规划、本体规划和习得规划等几个大类（Cooper，1989），之前语言政策和语言规划研究运用的方法主要为民族志方法、历史文本分析、话语分析、政治理论、社会心理和后现代主义等。不过，近些年考虑到经济因素在语言规划中具有重要作用的研究越来越多，并运用数学方法进行了说明。

Grin（2003）就提出了对于语言政策的成本收益评估，虽然语言政策研究需要考虑到机会成本和非市场成本等因素，但是也可以运用经济学中的总成本、平均成本和边际成本等概念，对于语言政策的收益进行数学计算。Grin（2003）还尝试了在语言规划的成本收益分析中代入数值进行运算，虽然较为简易，但是给出了语言规划研究的一个参考方案。

从个人角度出发的语言学习方案也已经有了一些与经济学及数学相结合的研究，Selten 和 Pool（1991）运用博弈理论探索了外语技能分布的均衡，使用了博弈参与者“交际利益（communicative benefit）”的概念，即对学习外语的收益运用“交际利益”进行衡量。根据网络外部性原理，一般来说，往往说某种语言的人越多，学习这种语言的“交际利益”就会越大，当然也会受到地理距离等其他一些因素的限制。理论上来说，一个人掌握的外语种类越多，其“交际利益”就越大，但是一个人的精力成本有限，学习几门语言才能达到个人的最佳收益，李龙（2021：18）在论述个人外语学习选择时，曾建立数学模型，认为个人的外语选择数量到 n^* 时 $\left(u-\frac{nc\alpha^{n-1}}{\alpha-1}=0\right)$，个人外语学习可以达到自身的最佳收益，这里我们可以尝试代入数值，假设 α 为 2，c 为 1，u 为 4，可得 n 为 2，也就是说，在这种限定条件下，个人学习两门外语时，收益最大。

前面从宏观的语言规划角度和个人的外语学习角度，尝试解释了经济学思想和数学思想在语言规划中的初步运用。其核心思想是，以收益最大化为基础，运用数学模型作为方法，从而计算出较为准确的结果，为语言规划的科学化制定做出一些努力。

第二节　微分方程模型与语言规划研究

微分方程模型可以描述事物的演化过程，而语言也是一种处于演变过程中的事物，因此也可以用微分方程的理论进行相关的分析，并且可以根据分析结论进行语言政策和语言规划的设定。本节先介绍差分方程，这是微分方程的基础，然后对语言竞争和演变中的微分方程模型应用进行了说明。

一、数学模型的简单运用：差分方程

本节介绍的差分方程主要为后面的常微分方程做准备。语言演化的连续性用常微分方程可以进行较好的模拟，且已经有诸多语言学家和经济学家进行了这种尝试。为了后面能较好地理解微分方程在语言演化及语言规划中的应用，本部分我们对差分方程做一个说明，也是从个人语言学习和国家整体语言规划两个方面进行论述。

李龙（2021：15）提到了一个个人语言学习的公式，按照每天记住 10 个单词的假设，坚持下去，语言学习的收益可以用 $U(t)=\frac{10(1+r)^{t-1}-10}{r}$ 来表示，其中的 r 为常数，很明显，个人语言知识的掌握与时间呈指数增长关系。这种相关关系如果用下面的公式来表示：

$$y(t+1)=ay(t) \tag{11-1}$$

在这个方程式中，t 表示某一个学习时间点，例如，学习单词时，即为学习第 1 天、第 2 天、第 3 天等，y(t) 表示在 t 时间时的语言掌握情况，而 y(t+1) 则是下一时间点的掌握情况，a 是一个常数，来表示增长的比率，一般来讲，这里的 a 一定是大于 1 的。这就是一个典型的差分方程形式，其不仅可以应用到个人语言学习变化的分析中，也可以用来描述语言整体的变化。

比如说方言和少数民族语言的变化情况，亦可以用式（11－1）进行简易说明，也可以用较为复杂的工具进行分析。在我国，随着经济的发展和交通的发达，人们交流的机会增多，由于普通话更具有普遍性，交流的价值也更高，或者由于不同方言区的人无法用各自的方言进行沟通，此时唯一的交流手段就是使用普通话，这不可避免地使方言的使用率逐渐下降。这种情况用式（11－1）进行简易描述的话，y(t) 表示方言使用人口的数量，y(t+1) 表示下一阶段掌握方言人口的数量，按照目前社会发展的状况看，这个数量可以推测到是呈现指数下降的形式的。从文化传承等角度来看，少数类语言是十分值得保护的，而为了保护少数类语言，我们需要了解其演化的规律。一般来讲，老年人方言的掌握更为稳固，也几乎不会用普通话跟人聊天，而中年人由于外出打工的需要，掌握了一定的普通话，青年人往往是普通话和方言都掌握的“双语者”，少年儿童受学校教育等因素的影响，往往只会说普通话，随着时间的变化，人口会迭代，这样就会造成了方言的逐渐消失。按照年龄段考虑，每三年、五年或者十年等都可以，通过这些离散的变量也可以构成一个差分方程对方言的变化进行描述，从而在方言保护的方案中提出合理有效的年度计划。

在个人语言学习和规划中，虽然运用数学模型的讨论还不多，但是，在方言或者少数民族语言的演化研究方面，数学模型已经有较为广泛的应用，尤其是常微分方程的拓展与应用。本部分大致说明了非连续变量的差分方程，接下来我们分析连续变量的微分方程，进一步了解运用数学模型进行语言竞争与演化研究的脉络。

二、微分方程的运用与语言竞争

差分方程描述的是离散的变量，而微分方程描述的是连续的变量，两者从本质上来说极其类似，而由于社会中的各种现象如语言变化，是处于一个连续变化的状态中，因此运用微分方程可以进行较好的模拟。一般来讲，在一个国家内部，存在一种语言或者多种语言，如果仅有一种语言，似乎不用进行太多的分析，而如果存在两种以上的语言，这些语言之间必定会存在竞争，这种竞争的均衡点在哪儿，找到均衡点或者变化规律，采取怎样的措施进行语言维持，都可以运用微分方程的形式进行模拟运算，有时可以非常清楚地发现独特的结论。本部分我们来探讨一些重要的研究发现。

进行数学模型的介绍之前，我们还需要了解一个经济学上的概念，即“边际转换率（marginal rate of transformation）”，其表示将一个产品转换为另一个产品的边际转换率。如果将语言理解为商品，在双语或者多语社会，受各种因素的影响，人们可能也会放弃一种语言而学习另一种语言，这时借用“边际转换率”的概念也可以进行一个量化的研究。运用微分方程对方言或少数民族语言演变研究的思想与此是相近的，其往往是设定 X 和 Y 两种语言或者 X、Y 和 Z 三种语言，探索其转换的规律。

（一）微分方程的初步使用

关于语言的竞争与演化问题，国外学者自进入 21 世纪起，开始尝试运用数学模型来解释并预测。Abrams 和 Strogatz（2003）最早运用微分方程数学模型来分析语言的消亡问题，他们提到了以往关于语言动态演化的研究主要集中在语义、语法和其他的语言本体的传播和演化等方面，而两位作者的研究第一次考虑了外部空间因素，即在两种语言竞争状态下的语言演变，假设了 X 和 Y 为存在竞争的两种语言，并提到了语言吸引的两个因素：说某一种语言的人口数量；它的社会地位，而社会地位反映了可提供给说话者的社会和经济机会。

他们将 x 设为说 X 语言的人口比例，s 设为 X 语言相应的社会地位，随着时间的变化，从 Y 语言转向 X 语言的微分数学模型可以表示为：

$$\frac{dx}{dt} = yP_{yx}(x,s) - xP_{xy}(x,s) \tag{11-2}$$

上述方程存在三个解，而其中只有 $x=0$ 和 $x=1$ 是稳定的，也就是说，其中某一种语言在竞争的过程中必然会走向消亡。还假设了 $P_{yx}(x,s)=cx^a$ 和 $P_{xy}(x,s)=c(1-x)^a(1-s)$ 为微分方程的第三种解，并调研了四种语言实际的历史演变数据，这四种语言分别为：萨瑟兰的苏格兰盖尔语、秘鲁瓦努科的奎丘亚语、蒙茅斯郡的威尔士语、威尔士全境的威尔士语。通过对实际数据的分析，其演变规律与其给出的数学模型预测几乎全部吻合。

Abrams 和 Strogatz（2003）的研究比较科学性地验证了两种语言竞争状态下的语言演化。为了保护语言的多样性，许多在人口及社会地位方面具有针对性的措施，如语言政策、语言教育以及广告语言使用等，就可以做到有的放矢了。

（二）微分方程模型运用的拓展

在 Abrams 和 Strogatz（2003）后，运用数学模型来分析语言演化的学者逐步多了起来。Mira 和 Paredes（2005）通过拓展 A&S 的模型，认为语言竞争过程中，如果两种语言足够相似，那么两种语言的共存是可能的，在这个模型中，相似性被看作一个简单的参数。他们将说不同语言的人分为三个种类：单语的 X 人群、单语的 Y 人群、双语的 B 人群。如果设其占总人口比例分别为 x、y 和 b，那么很明显，$x+y+b=1$。此时的微分方程也有了一些新的拓展，即：

$$\frac{dx}{dt}=yP_{YX}+bP_{BX}-x(P_{XY}+P_{XB}) \quad (11-3)$$

通过实际调查数据和数学模型的分析，Mira 和 Paredes（2005）认为，当两种语言相似时，一个稳定的双语制是可能的，相似性是其中的关键性因素。他们研究的意义在于，在两种语言竞争的模型中，双语制是可以自然存在的，这对于不同地区采用不同的语言规划策略有着一些启发。在我国的方言与普通话的使用中，有诸多类似的情况，有的方言与普通话程度十分相似，有的方言与普通话相差较远，这也是为什么一些方言消失得较快，而一些方言能长期共存的原因。在我国，与普通话发音较为相近的除了北京以外，再就是东北地区，接下来河北、山东等地，而到了南方，语言的差异往往就越大，因此，长久维持方言和普通话“双语”同时存在的可能性会在不同地区表现出不一样的状况。

Minett 和 Wang（2008）继续深入探讨语言演变和语言保护的微分数学模型。他们也是探索双语制问题，将模型分为垂直传播和水平传播两种，简单来说，垂直传播是指上一代传给下一代，而水平传播是指同代人之间的传播，并进一步对语言的演化进行了计算机模拟，尝试对语言保护给出了解决的方案，认为通过调整濒危语言的地位以及利用教育资源可以对语言保持起到积极的作用，这使微分方程的研究能够实际地运用到语言保护中。移民的语言使用变化是一个重要的课题，Templin（2019）运用动态数学模型研究移民的语言使用与竞争问题，探讨了语言的代际传播及语言教育等因素，并应用到了美国的西班牙语和英语相互竞争的分析中。动态系统微分方程模型很明显适合用来分析语言的变化，这也是为语言变化、语言传播和语言维持的研究打开了一个新的思路。

第三节 博弈论与语言规划

将微分方程运用到语言竞争的分析中，可以看出语言演化的规律，找到影响语言演化的关键因素，从而在语言规划中可以有的放矢，采用符合实际情况的手段，进而促进语言推广或者语言维持，是一种科学的研究方法。另外，为了了解语言演变的规律，博弈理论也可以用到语言的分析中，这种分析方法虽然与微分方程不同，但同样可以看出语言演化的规律，找到关键点所在。

Sperlich 和 Uriarte（2019）运用博弈理论分析了巴斯克、爱尔兰和威尔士等地少数语言使用的问题，模型的预测也符合实际的语言使用情况。博弈模型一般是考虑两个以上的竞争者的情况，因此对于双语制和多语制的语言规划研究非常适合。博弈模型包括参与者（语言使用者）、策略（语言使用策略）和收益（使用某种语言获得的交际收益和经济收益等）等方面，最终要看博弈是否存在均衡结果。对于语言竞争模型来说，明确几种语言同时使用，在语言的演变中找出预测的均衡，可对语言规划有未来的启示，从而制定相关策略，真正实现语言的可持续性保护和发展。

语言规划中还有一个很重要的规划，即对文字的规划。东亚国家中，中国、韩国、日本和越南等国，文字的使用都出现过较大的变化，对这些变化可从社会学、语言学等角度做出分析，但是亦可用数学模型进行分析，并且得出一些不同以往的结论，发掘出一些关键信息点，这也可以为将来的文字发展提供一些建议。文字竞争也是可以通过博弈论数学模型的方法来分析的，Li 和 Kim（2019）曾运用收益最大化原理探讨了韩国与日本为什么在汉字的使用上走向了两个截然相反的方向，但这种分析只是在一个生产者的限定情况下，也就是说，把整个国家看作一个整体，然后分析采用哪种文字使用策略是可以实现收益的最大化的，而实际的语言使用中，不同的文学创作者可能有不同的策略，两国主张重视汉字的学派和主张废除汉字的学派始终存在论争，此时博弈数学模型就有了用武之地。Li 和 Kim（2021）运用收益模型与博弈论方法对此进行了研究，到底是使用汉字获得的收益更大，还是废除汉字获得的收益更大，通过博弈模型的设立，可以找到两者竞争的均衡点。通过对均衡点不同变量的分析，可知为什么最终两国的社会中依旧存在汉字的使用，但是使用的比例并不相同，在不同的文字使用场合中，汉字所占的比例差异也是很大的。这两篇关于文字竞争的理论研究，一篇是社会中只有一个主体，另一篇是两者的竞争，一个主体时收益最大化可以较为容易地计算出，而当出现竞争的情况时，各方收益的最大化则需要进行纳什均衡的计算，从而进行最佳结果的求解，所以常常会用到微积分和博弈论的知识。

博弈数学模型还可以用来分析标语的演化规律。例如，李龙（2021：85－99）对于防疫标语的博弈分析，这个博弈的参与者可以设定为标语制定者与民众，标语制定者有两种策略，即“强硬”策略和“柔和”策略，民众也有两种策略，即“出门”和“居家”，此时可组成一个博弈的矩阵。由于收益的不同，标语制定者和民众也会采取不同的策略，这个博弈很难达到一个均衡，一般是民众“出门”过多，标语会很“强硬”，而标语“强硬”后，民众“居家”更多，此时标语又趋向“柔和”，当标语“柔和”后，民众又开始放松警惕，“出门”次数增加，因此，两者的博弈呈现一种循环往复的状态。

博弈理论在语言学中也可以得到广泛的运用，既可以用来分析方言的维持问题，也可以用来探讨制定合适的文字使用策略，甚至还可以用到其他语言学的分析中。博弈有时会达到一个均衡，有时却不存在一个静止点，但是通过相应的分析，可以发现语言使用的规律所在，从而可以制定相应的语言规划，促进社会文明的发展。

将数学模型运用到语言科学的研究中，涉及语言竞争问题时，运用到的数学知识逐渐复杂化，而涉及动态演化的讨论，运用常微分方程是更为妥善的选择，也可以得出更为科学的结论。了解动态系统的演变规律，通过对其中某些因素的控制，可以找到语言维持的方法，如语言地位和使用人口等变量的控制，这也是一种求是的研究方法，可对保护方言或者少数民族语言起到重要的作用。数学模型可以用来分析语言的规划问题，亦可以分析文字的规划问题。当然，文字规划是语言规划的一部分，但是又有其特殊性，尤其是对于汉字文化圈的文字使用而言。通过效益最大化和博弈理论的使用，可以了解韩国和日本的文字使用状况，并可预测之后的使用方向，同时给出一些建议，亦可对我国的繁简之争也可以有重新的认识。

运用数学模型对语言进行研究，体现了语言研究的科学性和人文研究的理性化方向。数学模型具有一定的优势，如可以描述语言的动态演变，从而推出语言规划的理性策略等，并且给出合理的建议。但是数学模型也有一定的缺点，运用数学模型对语言收益进行分析的学者大多为经济学者，而这种经济学中的收益和理性人的思考方法，使经济学家的模型可能会陷入简单化，忽视了语言学中的其他变量，因此，在未来的研究中这也是值得进一步丰富和深化的。

本章主要探讨了数学模型对语言规划的作用，其实数学模型还可以用到语言学的其他层面，如分析语义的产生（Rubinstein，1996、2000），用新的视角分析语用（Benz et al.，2006），还有运用计量模型分析语法问题等。有些区别的是，在语言政策和语言规划分析中运用数学模型，将经济学思想融入语言学研究中，既不同于以往的数理语言学和计算语言学，也不同于主要研究语言本体的计量语言学，这里的研究中心还是“收益最大化”和“均衡”等经济学思想，数学模型只是进行这类语言研究的一个方法，如果非要将这些相关研究归结为某一个领域，似乎可以称其为“经济语言学”，这在本书第十四章展开说明。

第十二章　统计学与语言规划研究

统计学经常用于经济学的研究，也是经济学专业的必修科目。计量经济学是统计学的延伸课程，是经济学的重要分支，也是经济学的重要研究方法之一。其他社会科学也逐渐认识到了统计学的重要性，从语言学的研究方向来说，社会语言学运用统计学方法较早，而后的计量语言学则将统计学方法运用到了较高的层次。本章第一节对语言研究中的统计学进行简要介绍；第二节对与语言经济学相关的一个话题“语言距离”进行梳理，同时提出一个新的概念“文字距离”；第三节则借用了这种“文字距离”概念进行了一个计量回归实证分析，对于语言和经济的关系进行量化的探讨；第四节则运用统计中常用的图表等形式分析与 RCEP 相关国家图书版权贸易量的变化，对相关影响因素进行讨论。

第一节　语言研究与统计学

语言研究中会用到很多的统计学知识，本节主要将统计学在语言学研究中的应用范围、语言统计的一些基本知识和应用展望等方面进行介绍，从而可对统计在语言学中的应用有一个基本的了解。

一、统计学在语言研究中的应用范围

语言，是人们每天沟通的必备工具，语言应用到社会生活的方方面面，

包括当前谈论较多的数字经济。理论上来讲，统计学可以应用到语言学的各个领域，我们在这里从微观和宏观两个层次进行说明。

微观方面，统计学的知识可以应用在语言教学、语言本体研究和语言交叉学科的研究。语言教学中学生成绩的变化如果能采用统计学的相关知识，则可以对相关的教学方法进行比较理性的评价，对于提升课堂教学效率起到辅助作用。对语言本体进行研究，如果对于字频和词频进行统计，一方面可以提升人们对于自己所用语言的认识，另一方面对于编纂语言教材和词典有促进作用，人们在学习这些字词时可以根据频率由简入难，起到循序渐进的效果。语言本体中的结构搭配也可以运用统计学方法来进行研究，当然，这可能需要先搭建一个比较理想的语料库，目前来讲，CCL 语料库和 BCC 语料库已具有宏大的汉语本体数据，可以借用这两个数据库对于汉语本体进行相应的统计分析，亦可与其他语言进行对比分析，发现语言类型的差异性。当前语音研究方面，语音实验研究已比较充分，但是在语音实验对象增加的情况下，亦可通过统计分析发现相关实验数据的不足与可改进之处。目前对于语言本体进行统计研究最为先进的是计量语言学，我国冯志伟先生和刘海涛教授的相关研究方法、内容及结论在世界上也处于较为领先的地位，这门学科也是一门语言学与计算机相结合的跨学科研究，其不仅可以研究语言单位的频率和分布等问题，亦可对文学作品做出相关统计分析。

宏观方面，统计学主要可对语言政策和语言规划做出一些预测。在语言交叉学科的研究中，语言经济学这门学科受到了越来越多的重视，语言经济学的一个重要研究方向就是语言政策对于经济发展的影响，这种语言政策可以是双语政策，可以是外语政策，也可以是国内的少数语种保护政策，亦可以是对文字的政策，等等，这些政策的合理制定对于促进当地和平稳定和经济发展有着重要的影响，我们在前面第三章谈东盟国家的语言与经济时，新加坡的语言政策就有一定的借鉴意义。通过统计分析，亦可对未来的语言政策和规划起到启示作用，当然，这需要对信息的大量收集，而且要有合理的方法进行判断。

不管是微观上对于语言本体的研究，还是宏观上对于语言规划的研究，统计学都可以发挥出比较重要的作用，要了解这种作用怎样得到发挥，采用怎样的统计方法，需要对统计学这门学问有一些了解和掌握，以下我们就谐言统计的一些基本知识进行说明，然而这仅仅是挂一漏万，进行相关研究时还需要对相关知识进行系统的把握。

二、语言统计的一些基本知识

统计学是一门对数据进行分析的科学，一般首先是进行数据收集，然后对收集的数据进行分类处理，再对数据进行分析与解释，从而得到相关结论与推测的学问。进行统计前，一般应当具有一个大致的研究设想，要解决什么样的问题，这样在统计时才能有的放矢，得出有效的结论。本部分我们对于在语言研究中比较常用到的统计基础概念、结果的输出以及在跨学科研究时常用的计量方法进行说明。

统计学中有许多的概念，我们在这里把这些概念分成三个层次进行介绍，这三个层次分别为基础层次、进阶层次和应用层次。基础层次的概念包括收集数据的类型、样本、参数、统计量、变量、实验组和对照组等。例如，考察某一类语言教学方法对于学生成绩变化的影响，采用实验法是比较好的方式，而实验法就会涉及将学生划分实验组和对照组，学生的成绩变化数据也是这次研究的样本，同时在搜集样本数据时，既要搜集“男生”“女生”和“专业”等这样的分类数据，又要搜集截面和时间序列等数值型数据，包括学生成绩变化的平均分和进步学生的比例等，在验证不同的语言教学方法时，这些不同的教学方法就是广义上的变量，变量最终影响到教学的效果。

进阶层次的概念较多，一方面包括较为容易理解的众数、中位数和平均数等比较简单的概念，另一方面包括对于数值数据进行比对分析后的方差、正态分布、置信区间、显著性、P 值和多重共线性等稍微复杂的概念。在语言教学时，对于班级成绩统计常用的概念是平均数，但是平均数很容易受到极值的影响，在数据为偏态分布时，使用中位数或者众数会有更好的统计效果。探讨一组数据的离散程度时，会用到方差的概念，其实这个概念的本义是“差的平方”，其采用“方差”的叫法与“极差”“平均差”和“标准差”保持了一样的语言学上的偏正结构，但是在语义的理解上却增加了一点点难度。由于比较一组数据与平均值的差异时，差的值可能为正也可能为负，因此采用方差的概念避免了负值的情况，当然也可以再对方差进行开平方，形成“标准差”。“正态分布”是社会生活中极为常见的一种概率分布，在语言研究中同样不例外，如常用汉字使用的频率、词汇使用的频率以及理想状态下学生测试的成绩分布等，大多是符合正态分布的。在正态分布的基础上，还可以导出 χ^2 分布、t 分布和 F 分布等，也是统计学的重要概念。t 分布和 F 分布在回归方程的显著性检验中有重要的应用，当然目前的统计分析一般使用 P 值来判定显著性，其来源于 t 统计量和 F 统计量的相关计算，但是表示方式却更为简易。

在应用层次，存在两类概念，也是数据分析的两种输出形式，一种输出方式是图形，另一种输出方式是数据分析结果。图形的种类有很多，如柱状图、折线图、饼状图、茎叶图和箱线图等，通过图形可以比较直观地看出数据分析的结果，并进行一定的预测。输出数据结果主要是用在多元线性回归模型分析中，而如果想对于这些数据有比较好的了解，就需要我们对前面提到的进阶层次中的概念有较好的把握，例如，前面我们提到的显著性、P 值和多重共线性等概念，显著性表明了某类变量对因变量的影响是否显著，而 P 值则是对比输出的结果是否能通过显著性检验的重要参数。进行多元回归分析时，探讨的是多类变量对于因变量的影响，然而这些变量之间可能本身是相关的，两个变量可能表示的是一样的概念，因此，在进行回归分析时就会存在多重共线性，出现这种情况时，就需要运用一些方法对某些变量进行剔除，从而得出更为准确的分析结果。

在自然科学和社会科学的研究中，大量数据的分析通常会用到计算机统计分析软件，语言学的相关研究也不例外，通常用到的软件有 Excel 和 SPSS 等，当前 R 和 Stata 的使用也逐渐广泛，后两者的难度要更大一些，因为涉及一些编程语言，但其总体功能却有着更大的优势，是 Excel 和 SPSS 不能比拟的。因此，在语言学的相关研究中，可根据自身的需要，学习使用不同的软件。

三、语言统计应用展望

统计学方法可以从微观和宏观两个层次对语言进行研究，通过数据收集，注入分析方法，输出图形或数据等发现相关性质。对于语言本体的研究，作为跨学科的计量语言学已经做出了较为突出的研究成果，但其涉及的语言对比研究依旧是一个很大的课题，尤其是汉语、英语等与小语种的对比研究，如 RCEP 国家中的马来语、高棉语、泰语、老挝语、缅甸语和他加禄语等，一方面这可以发现语言类型学的规律；另一方面还可以促进语言文化的教学，促进地区理解与合作。

语言经济学中常用到的语言距离概念也是一个值得继续研究的话题，其主要研究语言距离对于国际贸易的影响，还涉及旅游和文化交流等方面，熟悉其规律对于语言政策和语言规划研究也会起到积极的作用。笔者认为除语言距离外，还存在一个“文字距离”的概念，这在本章第二、三节展开说明，同时还运用实证研究的方法，尝试研究了进出口版权数量与文字距离等变量间的关系，这借助了官方公开发布的数据，并对相关变量进行了探讨。

第二节　语言距离与文字距离

语言之间的距离，会不会像科学家牛顿研究两个球体之间的关系那样会在两个实体国家之间产生引力，这在诸多的研究中已经得到了证实，语言距离会影响到贸易，语言距离会影响到旅游，语言距离还会影响到文学作品的翻译等。认识到语言距离的作用，对语言规划是否有所影响，进而影响到世界经济合作与发展，这都是值得考虑的。

一、语言距离概述

（一）语言距离理论的来源

科学家牛顿运用欧氏几何方法和微积分的知识对于万有引力进行了证明，其公式为：

$$F = G\frac{m_1 m_2}{r^2} \qquad (12-1)$$

其中，F 代表两个物体间的引力值，m_1 和 m_2 指的是两个物体的质量，r 指的是两个物体间的距离，G 是引力常数，引力常数后来亦由英国科学家测量出了具体的数值。

需要了解的是，语言距离的概念来自牛顿的万有引力思想。将不同的国家理解为不同的物体，将两个国家间的一些差异如地理、语言和文化等根据程度比作不同的距离，从而探索两个国家间“引力”值。以贸易来说，探索两个国家的贸易量与某些因素间的因果关系就可以使用这种方法，贸易量可以看作是“引力”值，两个国家的经济体量可以看作是“球体的质量”，而两个国家的地理远近、语言区别和文化差异等因素都可以看作是“距离”，了解了这些变量因素，就可以对国家间的贸易关系进行一定的分析说明了。这种方式不仅可以用于国际贸易的分析，亦可以用于旅游分析、两国间翻译作品数量的分析等。

（二）语言距离的测量

探索语言距离与国际贸易量之间的因果关系，需要了解变量的情况。在各国统计部门的努力下，国际贸易量的数据具有比较统一的标准且往往比较容易得到，然而语言距离的数据却存在不同的测量方法。

在具体的语言距离测量方法方面，苏剑（2015：60）给出的总结为“虚拟变量法”“语言考试测评法”“WALS 指数法”和“编辑距离法”，其难易程度从浅入深，“虚拟变量”用 1 和 0 表示即可，“语言考试测评法”则是通过语言考试的成绩，毋庸置疑，由于某些英语考试的全球影响力，其他语言与英语的距离测量可以较为容易找到数据，“WALS 指数法”则是根据世界语言地图中所描绘的语言差异进行统计，“编辑距离法”通过对不同语言词汇转换的次数测定。

在区域经济合作中，语言对于贸易量的影响亦可借助或者拓展上述方法。虚拟变量法用于 RCEP 协议 15 个国家间的语言距离判断较为容易；语言考试测评法除了用英语来描述各国间的语言距离外，还可以尝试运用汉语、日语和韩语等，因为汉语的 HSK、日语的 JLPT 和韩语的 TOPIK 也都在世界上具有一定的影响力，参与的各国考生数量也已经十分可观；“WALS 指数法”的研究已经比较成熟，同时世界语言地图包括 RCEP 的 15 个国家的语言数据；运用“编辑距离法”的话，对于 RCEP 国家间的语言距离状况还需要进一步探索。可以看出，语言距离的测量虽然有了一定的研究，但是这种研究还有继续探索的空间。

二、语言距离与贸易研究

在研究语言与经济的关系时，语言距离是一个十分重要的概念。前面提到，语言距离的观念来自物理学的引力模型，在物理学引力模型中，两个物体的大小与两者的引力正相关，而两个物体的距离则与两者的引力负相关。语言的距离是否对两个国家的关系具有同样的影响呢？在与此相关的研究中，证明语言距离与国际贸易、跨国旅游以及翻译版权等方面的确都有着密切的关系。

在语言距离所造成的影响方面，语言距离与贸易的研究已经基本达成了共识，研究也较为广泛，国外学者如 Hutchinson（2002）、Lohmann（2011）、Isphording 和 Otten（2013）以及 Fenske 和 Kala（2021）等，他们的观点基本一致，即如果两个贸易体的语言距离越近，则两者贸易额越多，而如果两个贸易体的语言距离越远，则贸易额就会相应降低。中国学者如徐珺、自正权（2016）探讨了语言距离对于中国与 17 个国家的贸易关系，其观点亦相同，不过他们探讨了其他语言和汉语的距离。这些研究结果虽然观点上看不出有所新奇，但是如果通过某些措施，使不同国家的人们接受两者的语言文化差异，可能对于提高国家之间的贸易量有所益处。也有学者对于语言距离和跨国旅游的关系进行了研究，徐庆树、宋建（2021）就结合 2001～2017 年的面板数据，对 17 个国家入境中国旅游的情况进行了分析，其分析结果亦表明了语言距离与跨国旅游人数有着相关关系。

语言距离与翻译的关系也有了一定的研究，当然，翻译也需要获取相应国家图书的版权才可以进行。相关研究虽然不多，但是已有学者进行了这方面的尝试。Heilbron（2008）考察了法国和荷兰翻译作品的数量，荷兰语作品在法国的翻译数量增加，而法语作品在荷兰的翻译数量则下降了，当然英语翻译作品依旧最高，他从社会学、地缘和文化等角度进行了探讨。其中的地缘类似于后来通过量化进行分析的“地理距离”，而文化则像后来的“语言距离”。Ginsburgh 等（2011）运用语言距离的引力模型及联合国教科文组织（UNESCO）1979～2002 年的数据，就人口数量、地理距离和语言距离等变量对翻译作品量所造成的影响进行了回归模型分析，像贸易一样比较容易理解的情况是，翻译量也是与人口数量正相关而与语言文化距离是负相关的，比较有意思的结论是，虽然英语十分重要，但是考虑语言文化距离等因素，其翻译作品可能会被其他语言超越。中国学者王璐瑶、罗伟（2010）根据每年中国国家新闻出版署公布的全国新闻出版业基本情况数据，基于引力模型和 2000～2008 年中国对外进出口图书版权的数据，对中国对外贸易的“文化赤字”进行了回归模型分析，认为 GDP、人口和是否具有共同语言等因素对于图书版权贸易有重要的影响。

三、文字距离

以往的研究提到了语言距离的概念，研究主要是围绕语言间的差异展开，其特点要么仅看考试的分数差异，要么主要探讨语言的词汇及语法结构，而实际上文字的差异也是语言距离的一种，我们可以称其为“文字距离”。为了更好地分析“文字距离”的概念，可以将文字距离分为三种类型。

第一种是不同文字间的文字距离，如汉字与罗马字母、斯拉夫字母、阿拉伯字母之间的距离，及各种字母文字之间的距离。世界上存在多种类型的文字，主要分为表意文字和表音文字两种，表意文字和表音文字的距离毋庸置疑是比较远的，表音文字之间根据文字形式也存在不同的文字距离。

第二种是相同文字间的文字距离。世界上有许多国家采用相同的文字，如英国、法国、西班牙、马来西亚和越南等国，都采用拉丁字母文字，但是却又存在一定的差异性。具体来说，越南的拉丁字母与英文拉丁字母就有不少的差异。不但使用拉丁字母的各国文字具有一定的差异，使用斯拉夫字母的各国也有一定的文字差异。

第三种是某一类文字在其他语言中的应用，这也会影响到语言间的距离。这种情况包括英文字母在其他语言中的应用和汉字在其他文字中的应用等。英文字母在很多国家的文章行文中都会出现，汉字的出现主要是在日语和韩语中。理论上可以这样认为，如果某种语言包含的其他语言的文字越多，两者文字距离就越近，反之则文字距离越远，这与相互理解度有着重要的关系。例如，汉字如果在日文或韩文中使用越多，那么中国人对日韩文撰写的内容就越能看懂，而如果日韩文中的汉字越少，则中国人对这些内容越看不懂，第三节就对这种现象与图书版权贸易的关系进行了实证分析。

第三节　对于文字距离的实证分析

汉字在东亚国家中曾有着广泛的使用，但是随着时代的发展产生了一些变化。Li 和 Kim（2019，2021）曾运用经济学理论和博弈理论对这种文字使用现象进行了分析，但这种分析主要是从理论视角出发，还需要进行一些实证的探讨，因此本节运用搜集到的数据，对文字距离与贸易量的变化关联进行一些验证。当然这种理论亦是从基本的引力模型为出发点，但是却有一些新的发现和启示。

一、模型的设置

这里我们先给出对文字距离进行分析的计量经济学回归模型，然后我们对为什么采取这个模型进行一个说明。模型主要以中韩图书版权贸易为基础，模型中考虑了图书版权数量与 HDI、文字距离和某些国际关系影响因素的关系，模型如下：

$$\mathrm{Ln}(\mathrm{Import}) = \alpha_i + \beta_{i1}\mathrm{Ln}(\mathrm{HDI}_{Kr}) + \beta_{i2}\mathrm{Ln}(\mathrm{Hanja}) + \beta_{i3}\mathrm{THAAD} + \varepsilon_i \quad (12-2)$$

$$\mathrm{Ln}(\mathrm{Export}) = \alpha_e + \beta_{e1}\mathrm{Ln}(\mathrm{HDI}_{Cn}) + \beta_{e2}\mathrm{Ln}(\mathrm{Hanja}) + \beta_{e3}\mathrm{THAAD} + \varepsilon_e \quad (12-3)$$

接下来我们对这两个模型进行说明：

（1）我们看到前面是两个计量模型，模型（12－2）是用来分析从韩国进口到中国的图书版权的数量，模型（12－3）是用来分析从中国出口到韩国的图书版权的数量，数据来源为国家新闻出版署每年度的“全国新闻出版业基本情况”，数据范围为从 2004 ~ 2020 年共 17 年的公开数据。

（2）人们对另一个国家的文化产品感兴趣，往往是因为对方的某些优势打动了自己，这些优势包括教育水平和生活质量等，这是影响到文化贸易的一个重要变量，联合国开发计划署（UNDP）用来衡量各成员方经济社会发展水平的指标 HDI 是一个值得采用的变量值，我们亦采用了其中中国与韩国 2004 ~ 2020 年共 17 年的 HDI 公开数据。

（3）汉字数量的变化作为一个变量是较难获得的，但其亦是一个重要的变量，举例来说，如果中国人关心韩国的一些文化作品，但是韩国作品采用大量汉字书写的话，那么轻易可以看懂，翻译的必要性就会降低。这也可以理解为，当韩文中使用的汉字越多，则其与汉语的文字距离越近，反之则越远。笔者为了获得 2004 ~ 2020 年韩国的汉字变化数据，对韩国影响力最大的新闻媒体《朝鲜日报》进行了汉字比例变化的手工调查，方法是对报纸中“社论”使用的汉字比例进行了整理，由于数据庞大，每年抽样采取 12 个数据，即每个月采取月末一天内的 3 篇社论，进行手工统计后，又对这 12 个月的数据进行了平均，得到年度的汉字比例数据。

（4）国际关系也会影响到两国的文化交往，在中韩两国的合作中，萨德（THAAD）的影响也是要考虑的变量之一，这里可以将萨德的影响运用虚拟变量的方法来处理，即将没有萨德的年份设为“0”，而具有萨德的影响年份设为“1”。

（5）我们的回归方程采用了对数形式，这是因为对于一些指数性质的变量，如果采用对数形式的回归方程，可以更好地进行线性效果的模拟，这也是计量经济学分析中常用的一个做法。

二、回归数据分析及启示

我们采用了 R 数据分析软件对上面的模型和数据进行了分析，输出结果如图 12 – 1 和图 12 – 2 所示。

在模型（12 – 2）的输出结果中，前面提到的三个变量都具有显著性，且系数符合预期。其中韩国的 HDI 影响显著，这是因为韩国的经济文化发展水

```
Residuals:
     Min       1Q   Median       3Q      Max
-0.59589 -0.12713  0.01047  0.25246  0.41416

Coefficients:
            Estimate Std. Error t value Pr(>|t|)
(Intercept)   6.8459     1.4101   4.855 0.000314 ***
HDIkr        17.6270     4.9991   3.526 0.003724 **
Hanja        -0.4179     0.2286  -1.828 0.090572 .
THAAD        -2.3986     0.3734  -6.424 2.26e-05 ***
---
Signif. codes:  0 '***' 0.001 '**' 0.01 '*' 0.05 '.' 0.1 ' ' 1

Residual standard error: 0.3566 on 13 degrees of freedom
Multiple R-squared:  0.8076,    Adjusted R-squared:  0.7632
F-statistic: 18.19 on 3 and 13 DF,  p-value: 6.172e-05
```

图 12-1　模型（12-2）输出结果

```
Residuals:
     Min       1Q   Median       3Q      Max
-0.54570 -0.17797  0.01661  0.16267  0.36091

Coefficients:
            Estimate Std. Error t value Pr(>|t|)
(Intercept)  10.5102     1.1689   8.992 6.08e-07 ***
HDIcn         8.4661     1.5640   5.413 0.000118 ***
Hanja         0.3133     0.1717   1.824 0.091187 .
THAAD         0.1033     0.2764   0.374 0.714530
---
Signif. codes:  0 '***' 0.001 '**' 0.01 '*' 0.05 '.' 0.1 ' ' 1

Residual standard error: 0.2639 on 13 degrees of freedom
Multiple R-squared:  0.7497,    Adjusted R-squared:  0.6919
F-statistic: 12.98 on 3 and 13 DF,  p-value: 0.0003311
```

图 12-2　模型（12-3）输出结果

平较高，吸引到了人们的关注，而且这种影响与进口到中国的图书版权数量是正相关的，也就是说，韩国的 HDI 指数越高，进口到中国的图书版权数量就会越多。汉字比例的变量具备边缘显著意义，且从系数来看，与图书版权进口负相关，这也是符合预期的，也就是说，限定其他因素，当韩国的汉字使用比例降低时，进口到中国的图书版权数量会增加，因为如果关心韩国的文化作品却看不懂，必然需要进行相应的进口。第三个变量是萨德（THAAD）的影响，从回归系数来看，与贸易负相关，且看 P 值十分显著，也就是说，这种情况十分影响韩国出口到中国的图书版权数量。

在模型（12－3）的输出结果中，变量 HDI 和汉字比例变化都具有显著性，而萨德的影响却不显著。先简单说明一下萨德，由于韩国安装萨德影响到了中国，而并不是中国影响到了韩国，因此对于双方贸易来说，萨德的安装影响到了韩国出口到中国的贸易，却基本不会影响到中国出口到韩国的贸易，因此分析结果是符合预期的。中国的 HDI 影响到出口到韩国的图书版权的数量，HDI 的变化与对外出口量的变化呈正相关关系，且十分显著，出口版权量增加也说明中国的经济社会发展具有很大的成效，从而提升了自身的软实力，韩国人对于中国的关心也相应提高。再来看汉字比例的影响，其亦是边缘显著，系数呈正相关，这个回归分析结果验证了 Li 和 Kim（2019）的理论模型，在 Li 和 Kim（2019）的研究中，说明了汉字比例与韩国汉字图书数量的关系。在韩国，如果汉字使用比例升高，那么必然会增加汉字图书的比重，反之，汉字使用比例降低，汉字图书的比重会减少，因此两者是存在正相关关系的，这里的数据实证分析也印证了这一点。因此这种文字距离的变化会影响到诸多方面，从语言规划的视角来看，韩国的文字政策经常会出现一些变化，但是如果从经济学视角进行考虑，亦可促进更为理性的文字政策和规划制定。

第四节　中国与 RCEP 国家图书版权进出口贸易的变化

在国家新闻出版署每年度公开发布的“全国新闻出版业基本情况”中，对于诸多文化产品的引进和输出数据进行了整理，通过对这些数量进行梳理，可以发现我国出版业的发展现状，也可以对于相关规划研究有所启示，我们对近十年（2011～2020 年）的引进和输出版权情况进行了整理和分析。

一、总体进出口的变化

每年度“全国新闻出版业基本情况”所公布的引进和输出版权情况，包括图书、录音制品、录像制品和电子出版物等，且图书版权占据了引进和输出版权的大部分，这从表 12－1 可以看出。

表 12－1　　文化产品引进和输出版权情况（2011～2020 年）　　单位：种

年份	引进总数量	引进图书版权	输出总数量	输出图书版权
2011	16639	14708	7783	5922
2012	17589	16115	9365	7568
2013	18167	16625	10401	7305
2014	16695	15542	10293	8088
2015	16467	15458	10471	7998
2016	17252	16857	11133	8328
2017	18120	17154	13816	10670
2018	16829	16071	12778	10873
2019	15977	15684	14816	13680
2020	14185	13919	13895	12915

从表 12－1 中可以看出，在近十年的发展中，虽然我国文化产品的国际贸易存在一定的逆差，但是这种逆差在逐步减少，这也体现出了我国总体文化产品竞争力的上升。为了对这种变化有更直观的认识，可以运用图 12－3 和图 12－4 来了解这种趋势，两张图表趋势基本一致。

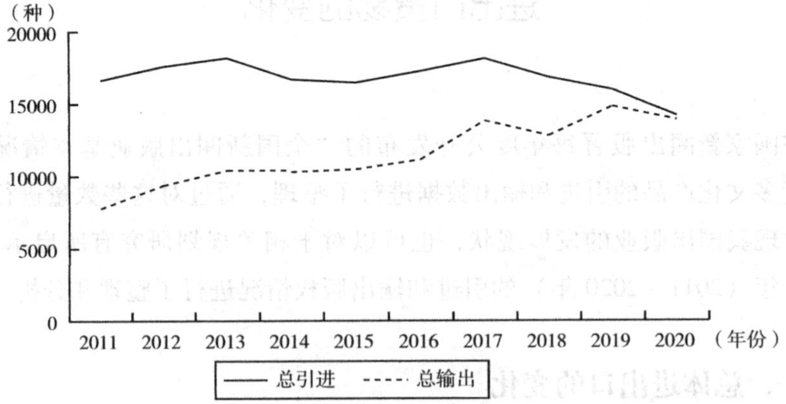

图 12－3　文化产品版权总引进和总输出趋势图

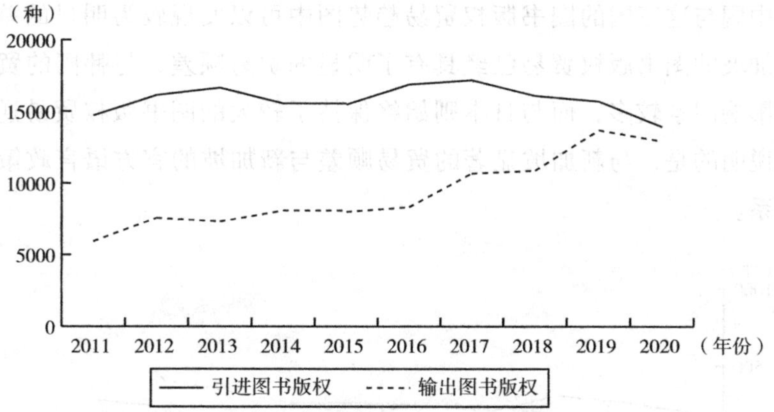

图 12－4　图书版权引进与输出趋势图

二、与 RCEP 国家图书版权进出口的变化

在本章的第三节主要分析了我国与韩国图书版权贸易的影响因素问题，实际上，“全国新闻出版业基本情况”公开的数据情况还包括 RCEP 协议中的日本和新加坡，而且这些国家都受汉文化的影响较大，这里通过图表形式对我国与新加坡、日本和韩国的图书版权贸易情况进行一个梳理，其中有些现象是值得讨论的。

表 12－2　　中国与新、日、韩图书版权贸易量表　　单位：种

国家	新加坡		日本		韩国	
年度	引进	输出	引进	输出	引进	输出
2011	200	131	1982	161	1047	446
2012	265	173	2006	401	1209	282
2013	310	171	1852	292	1472	656
2014	211	248	1736	346	1160	623
2015	240	262	1724	285	826	619
2016	260	184	1911	353	1024	576
2017	249	254	2101	327	168	490
2018	222	334	1993	408	120	512
2019	236	404	2162	357	404	836
2020	277	809	2039	387	446	539

从中国与这三国的图书版权贸易趋势图中可以发现较为明显的差异，中国与新加坡的图书版权贸易已经具有了明显的贸易顺差，与韩国的贸易顺差受到的影响因素较多，而与日本则始终保持了较大的图书版权贸易逆差。其中值得说明的是，与新加坡显著的贸易顺差与新加坡的官方语言政策具有一定的关系。

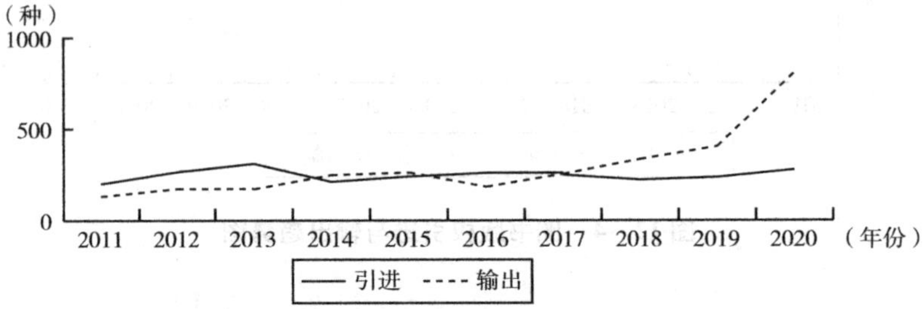

图 12－5　中国与新加坡图书版权贸易趋势图

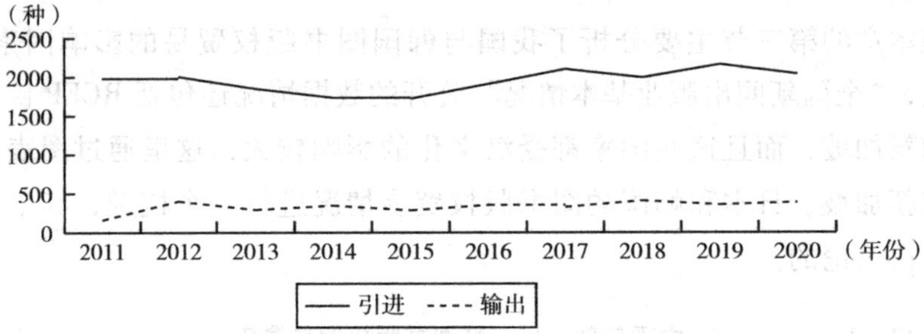

图 12－6　中国与日本图书版权贸易趋势图

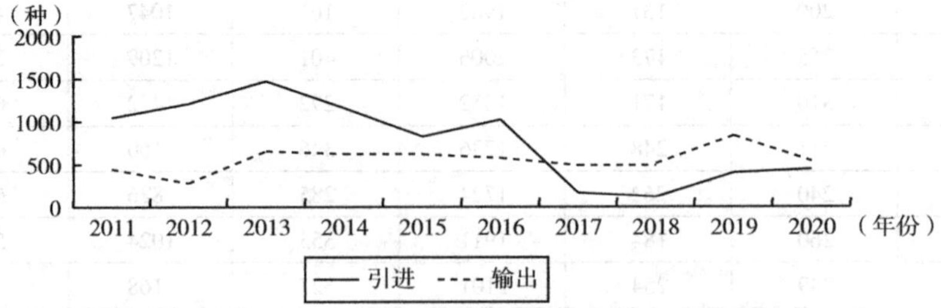

图 12－7　中国与韩国图书版权贸易趋势图

由于每年度的“全国新闻出版业基本情况”并没有对所有国家的图书进

出口数据进行公开，因此我们仅借助公开的数据进行了一些分析，没有完善的数据我们尽量减少主观的判断，但是如果数据更为翔实的话，如具有多年的 RCEP 十五个国家的图书相关进出口数据，那么通过面板数据的计量分析，分析出各国之间图书版权贸易的影响因素，找出因果关系或相关关系，从而亦可促进与 RCEP 国家之间的合作与发展。

回到我们的主题，进行语言政策和规划的探讨，统计学与语言文字规划也是可以密切相关的，不管是“语言距离”还是“文字距离”，官方都可以进行一定的规划，尤其是“文字距离”对于东亚国家的相关合作问题，另外，在东南亚国家中，新加坡和马来西亚的华语也采用了规范汉字，这也是与中国缩短了文字的距离。越南等国的语言采用了拉丁字母文字，实际上缩短了与使用拉丁字母国家的文字距离。在东南亚国家中，老挝语和泰语也使用相似的文字，也缩短了两国间的语言距离。

再进行一些假设的话，各国间的语言是持续进行沟通的，语言接触会出现大量的借词乃至语法交融现象，因此是否将外来词按照音译照搬使用，还是意译成为本族语言文字，在一定程度上也会影响着语言距离的变化。因此可以说，语言政策和规划会影响到语言距离和文字距离的变化，而这种规划又会影响到各国间的教育、贸易和移民等，合理的语言政策和规划会对各国间的经济合作和发展起到促进作用，而某些极端的规划可能会起到反作用，运用统计学的方法，可以对这种影响做出理性的判断，从而促进制定出更为科学有效的语言文字政策与规划措施。

第十三章　语言学研究中的博弈论与互动语言理论

本章对语言学研究中的博弈论方法和互动语言理论进行比较。互动语言理论在语言学研究中已经引起了较多的关注，研究成果颇多，而经常运用在经济学中的博弈论，与互动语言理论在诸多方面具有异曲同工之妙，可对语言的产生及运用进行相关的解释，然而受到的关注还较少，但是这种分析方法可与互动语言理论相得益彰。通过对这两种研究方法进行比较分析，可以对基于互动观念的语言理论与应用进行更为深入的探索，这对于语言本体的规划也有一定的借鉴意义。

第一节　博弈论与互动语言理论在语言学研究中的应用简介

互动语言学理论强调“互动”，这就牵涉了不同交际参与者之间的互动，有问有答，从而形成语言的某些使用规则。博弈理论同样也是强调“互动”，其包括参与者、策略、收益和博弈结果等，“均衡”是博弈结果中的重要概念。博弈论在经济学、国际关系和生物学等诸多学科有着广泛的应用，其亦可用在语言学的分析中，是基于“互动”的观念，将两个理论进行对比，可对互动性质的语言学理论有更深入的探索和更深刻的理解。

互动语言理论从国外到国内，对于英语及汉语做了诸多相关研究（Sack et al.，1974；Ford，1993；Couper - Kuhlen and Selting，2018；方梅，2016；

方梅、曹秀玲，2018；方梅、李先银、谢心阳，2018；乐耀，2017），研究从会话分析到对社会因素的探讨，都趋向深化和成熟，是语言学研究的一个重要方向。而由于博弈论通常运用到经济学等学科中，语言学与之距离稍远，因此研究者并不多。即使如此，国内外也已经有学者使用博弈论对于语言有所分析，如对于语义的产生的分析（Rubinstein，2000），对于语用的分析（Benz et al.，2006；武建国、徐鹰，2012）等。

因为两种理论都牵涉“互动”，所以有诸多共同点，同时由于产生的基础不同，因而又有许多差异。通过对两者进行比较，可以使互动观念下的语言学有更为清晰和更为科学的分析方法，亦可以对博弈论的应用有更新的认识，两者互为补充，促进语言学的发展。由于两者研究的对象都为语言，因此有比较的基础，但是在研究的内容范围上，两者却有一定的差异。互动语言理论研究的语言层面较多，包括语音、语法、语义和语用等，几乎涵盖语言学的各个方面，而博弈论对于语言的研究则较为集中，主要为对语用学的研究，零星对于语义的研究，语言学其他层面的研究则较少。

互动语言理论发端于西方，自 20 世纪后期始研究成果众多，按照方梅、李先银、谢心阳（2018：1）所提到的，互动语言学的研究包括两个方面：一是从语言的各个层面如韵律、形态、句法、词汇、语义和语用等看语言结构如何在互动中被塑造；二是交际中言谈参与者的交际意图、会话行为如何通过语言或多模态资源来实现。在方梅、李先银、谢心阳（2018）的研究中，从交际行为与句法的关系、会话序列与句法选择、在线生成的语法、互动言谈的基本单位、位置敏感的语法和形式验证等方面说明了互动语言学的研究课题，并对韵律表达、多模态研究等常见话题进行了分析。近些年，仅就汉语研究而言，《互动语言学与汉语研究》的专辑就已经出版两辑（方梅，2016；方梅、曹秀玲，2018），内容包括英汉语言差异的对比、汉语的语气词、韵律特征以及汉语相关句法等诸多方面，以汉语语言的实际运用为例，进行了互动视角的深层分析。以“互动语言学”为主题词从中国知网搜集的数据来看，“互动语言学”“汉语研究”“互动交际”“会话分析”和“话语标记”等主题出现的频率较高，反映出了国内相关研究的总体方向。

博弈论对于语言的研究内容主要为语义和语用的探讨。在语义的产生方面，博弈论给出了一种不同常规的解释。在 Rubinstein（2000）的研究中，语义的产生可以通过演化博弈论的方法进行探讨，通过假设一个语言使用背景，运用ESS（演化均衡策略）的理论分析了“Be careful”语义的产生，并对这种由博弈产生语义的假说进行了讨论。其实这里语义产生时的互动，即与互动语言理论有异曲同工之妙。互动语言理论往往是从语言事实出发，是一种归纳式的研究，因此较难提出一种假说，其对于语义的探讨可与博弈论相结合，使语义研究有一个新的理解。

而与互动语言理论最为相似的，是博弈论对于语用、会话分析的研究。互动语言理论探讨了对话性的语言，也是自然的口语。这种对于自然语言的分析，即隐性包含说话者与听话者两个博弈参与者，这就使博弈论有了应用的基础。而对话的内容，就可以考虑为策略问题，对话的策略为使用哪种语音语调、运用哪种词汇、使用什么样的表达方式，这些对话时所采用的手段可通过博弈论分析的方式给出理性和动态的解释。例如，在Benz等（2006）编纂的论文集中，博弈论的方法涉及了廉价语言磋商（cheap talk）、不完整信息博弈与语用学、交际、风险讲话（risky speech）、应答的效用、辩论的语用以及运用演化博弈探讨意义与词的关联等。可见，博弈论也是可以在语言研究中有所作为的。

国内学者在这方面也尝试做了许多分析，向明友（2011）在探索语用研究的经济分析视角时，提到将博弈论引入语言学是可行的。在博弈论视域下有对于不可靠评价语的探析（吴艳、李金凤，2013），有博弈语用学视角下的汉语歧义现象分析（夏登山、蓝纯，2014），也有对于语用风险的博弈论分析（张兢田、张德禄，2014）等，可见国内运用博弈理论进行语言分析也有了不少的拓展。

第二节　博弈论与互动语言理论研究语言的方法及结论比较

一、博弈论与互动语言理论研究方法比较

从会话分析开始，语言学的研究就已经开始对日常话语进行系统说明，

系统研究会话分析的学者归纳了“合作原则”和“礼貌原则”等结论。互动语言学的研究在此基础上运用了社会交际互动的核心理念，作为一种功能分析的语言学，对语言现象进行更为透彻的研究。其从研究语言的基本单位出发，即实际语言使用中的语音、形态、句法和词汇等语言事实为出发点，可以说，互动语言学的研究方式主要是自下而上的。Couper - Kuhlen 和 Selting（2018：7）提到互动语言学的研究“不带有理论先设”，通过对于语言基本单位的分析，得出语言单位的相互作用，如韵律对于句法的影响等，是语言学的研究从书面语到口语的一个转变。互动语言理论的分析方式可以认为是会话分析加上社会学及人类学的观点，是一种跨学科的研究方法。

博弈论对于语言学的研究，主要用的是数学及经济学的思维和方法。首先需要考虑的是博弈的各个要素，如博弈的参与者，在语言分析中往往就是对话的两个人或者多个人，博弈的策略，在语言分析中则可以看作是说话者所使用语言格式的策略，博弈中参与者的收益，即为说话者所认为的自己所说的言语给自己带来的“效用”，再就是博弈的均衡，可以看作是两人或多人对话中一个博弈结果分析。为了使这种分析可以较为直观地表达出来，经常会采用博弈矩阵和数学公式的方法。

对于语言的意义层面来说，语义的产生亦可用博弈论的方式来探讨。Rubinstein（2000）运用演化博弈理论对一个语言意义产生的互动情况进行了研究，他举了两个渔夫在渔船上的对话例子，当其中一个人发出“Be careful”声音时，这个发音表示“小心”的意义是怎样产生的呢？首先构建了词语非空集合 W，通过复杂性和演化博弈论的分析方法，他认为发现危险提出警告与做出回应是一个演化稳定策略（ESS），从而解释了自然语言中词汇意义的出现。Rubinstein 认为这种研究的一个不足是指定了“两个人在一条船上”这样的假设环境。这其实也类似于互动语言学分析中的社会环境，不同的是，互动语言学的语料一般是真实的社会环境出现的，属于实证的分析，而运用博弈论进行语言互动研究，常常是自上而下的，运用理论假设甚至背景的假设去分析语言。

Benz 等（2006）编纂的论文集以博弈论和语用学为主题，其中运用到了博弈中的置信度、不完整信息博弈和演化博弈等理论。向明友、夏登山（2011）亦对博弈语用学中的博弈方法进行了总结。博弈论方法之于语用，也有许多学者进行了从语言事实出发的实证研究，如缪素琴、祝尔悦（2016）对于英语融入汉语的博弈语用学分析，预测了英语融入汉语的三种趋势。莫旻荧（2017）对于礼貌语言的博弈论分析，认为礼貌语言是社交问题与博弈双方的认知期待互动的一种博弈现象。李龙（2021）对于方言使用、防疫标语使用也从演化博弈论的角度进行了分析。

二、博弈论与互动语言理论研究结论比较

在互动语言学与其他语言学理论的对比中，张媛、王文斌（2019）认为互动语言理论和认知语言理论存在可互动性，宏观层面包括反形式语言学立场、语法的动态性和以使用为基础的语言观，微观层面包括原型范畴视角下的话语模式和功能范畴、互动交际中的概念整合机制和对话构式语法等。两种语言学理论都体现了语言的跨学科意识，一种是与社会学相结合，另一种是与心理学相结合。在互动理论和博弈论的比较中我们也可以发现，这两种理论都存在互动性，其研究范式也与以往的结构语言学不同，同时都注重语言的功能性。两者的不同点是互动语言理论是一种归纳式的研究，而博弈理论是一种演绎式的研究。

互动语言理论对于语音、词汇和语法等方面的研究也有了新的认识，即认为这些语言单位的形成是在语言互动中实现的。Couper - Kuhlen 和 Selting（2018）的研究中，在音系层面韵律因素与互动语言学的各个层面都有着联系，词汇的使用也与交际互动话轮相关，认为句子和词组等成分具有动态浮现性、时间性和投射性等特征，对于从句等复杂句式提出了三种惯例“共同构建（coconstruction）”“增量（incrementation）”和投射框架（projector frames）的分析框架。这些分析都将传统的静态观的语言研究转换成了动态观的互动研究，是将语言放在“在线”的背景下研究，其根本的内涵也在于语言使用的“效用”。

博弈论的研究也往往考虑博弈的收益或者说“效用”，追求博弈过程中参与者各方的“效用最大化”，在对语言的研究中，则经常考虑的是语用等层面的效用最大化。博弈论对于语言的研究，运用了经济学的理性原则，其结论往往是从“最优”的角度去考虑的。其给出了语言使用的另一种思考，当人

们使用某种语言表达某种意义时，这种语义的产生来源于互动及演化稳定的均衡。在日常的对话中，人们采用的语言策略，也是为了信息交流的最大化。因此，博弈论认为语义、词汇结构等是基于均衡论的一个选择结果。但是实际上，受制于人们思维及语言水平的不同，虽然都想使信息效用最大化，但是有时听话人听起来可能是冗余成分过多的，这就需要说话人不断调整策略，使言辞达意，这其实与互动语言学中“会话修正”有一定的相似。

这里我们还可以讨论中国人与西方人的思维差异在语言上的体现，一般认为在交谈中，西方文化较为直接，而东方文化较为含蓄。从博弈理论或互动语言理论来看，其“最优”的维度其实是不同的。西方人的维度可以看作是一维的，如将对话信息内容进行直接的表达；中国人的思维可以看作是二维的，表达直接信息的同时需要考虑话语本身带来的其他效应，这就不得不使某些表达看起来比较含蓄。这不是无章可循的，中国人批评别人时往往先对其优点进行表扬然后再提实际的批评内容，这种语言篇章的特点体现了二维性，也就是常说的“面子”。当然，这种一维和二维的差异不仅体现在语言中，如进食时西方人运用刀叉而中国人使用筷子，这也是一种一维与二维的差异。当然，汉字与拉丁字母文字也有维度的差异，这一点我们在第二章进行了说明。

第三节 博弈论与互动语言理论的互补性及对语言问题研究的促进探讨

毋庸置疑，不管是互动语言理论，还是博弈理论，都对于语言学的研究做出了一定的促进。两者都主要关注日常生活中的语言，关注语音、词汇和句法等产生的社会因素，因此对于一些经常用于自然科学或其他社会科学中的宏观理论的指导意义有了新的认识，尤其是博弈论。

但是以语言研究来说，由于互动语言理论主要研究语言，因此其对于语言的研究范围较广，而博弈论在人文社会科学的研究中主要用在经济学或者国际关系学，在语言学的研究层面涉及不足。在内容上，互动语言理论对于语言的研究几乎包含语言研究的各个层面，如语音、词汇、语法、韵律和语用等，而博弈论涉及的还较少，其研究主要涉及语用方面，其他层面还有待继续发掘。在方法和结论上，互动语言理论主要使用的是归纳思维，而博弈论运用演绎思维，一个是自下而上，另一个是自上而下。两种理论具有各自的优势，互动理论对于语言的研究更为广泛，而博弈论可挖掘语言内部的深层运作规律，两者结合可以促进语言研究的深化和系统性。

由于互动语言理论和博弈理论对于语言的研究都涉及了“互动”，因此本章将两种理论进行了对比说明。通过对比，可以发现两者的互补之处，自下而上的研究方式与自上而下的研究理论可以相互结合，从而促进语言本体研究的发展。

语言本体的研究是语言规划的一个重要参考。在 Cooper（1989）之后，语言规划通常分为“地位规划”“本体规划”和“习得规划”三个部分，这其中“本体规划”和“习得规划”都要参考语言本体研究的成果，尤其是关于语言规范的研究。在汉语语言规范研究方面，吕冀平（2000）、戴昭铭（2012）等从传统语言学角度就汉语的规范化问题做出了很多的努力。规范化研究如果从互动语言理论和博弈理论出发，可以分析出语言变化的宏观与微观规律，对于指导语言规划有着重要意义。

海外华语的使用与国内普通话会存在一定的差异，为了沟通便利的需要，海外华语似乎也需要一定的规划和规范。博弈论和互动语言理论的使用，可对海外华语的使用有更为清晰的认识，海外华语与普通话的差异往往与社会互动相关，而随着经济发展和国际交往的增多，海外华人与国内民众也有着更多的互动，这可能体现在人与人之间的直接交往中，也可以体现在媒体语言（如电视、报纸、自媒体等）的使用中，其中，自媒体无疑是国际互动中的最即时的工具，例如，一些热词流行语等通过自媒体的传播与讨论，也可能会使语言的标准趋于统一。而如果缺少互动的话，海外华语的使用会受到来自其居住国家民族语言或英语等外语的影响，与汉语普通话的词汇、语法和语用等会有一定的差异。也就是说，在语言本体规划和习得规划中可考虑博弈论与互动语言理论的视角，这不仅可以运用到国内的词汇、句法等语言本体规划中，还可能对于海外华语的规划具有一定的作用。

第十四章　论“经济语言学”

“语言经济学”的研究从字面意义上来看，是“语言的经济学”，英语的由来词组为“Economics of Language”（Marschak，1965），Zhang 和 Grenier（2013：219）综合了语言和经济学的相关研究后，给出了“语言和经济学”的定义，认为“语言和经济学”是经济学的一个分支。不管是从字面意义上来说，还是从实际的研究内容来说，将该交叉学科研究归入经济学是比较合理的，但是其中有些研究方向，更为注重语言学方面的拓展。运用经济学理论方法对于语言学进行研究，可对语言本体研究、社会语言学研究做出一些新的突破。

本章内容亦非重新说明一个新的交叉学科概念，而是主要探讨经济学方法下的语言研究指向，为了明确这个语言学指向，按照汉语的语法修饰结构，中心语为“语言学”，而采用经济学方法的“经济”为定语，暂称其为“经济语言学”。关于这个术语的产生，根据 Vigouroux 和 Mufwene（2020：20）的说法，法语相似词汇于1989 年已经出现，而英语中的“econolinguistics”也出现于 1996 年的文献中。这里我们考察的并非不同语言术语的语义差别，而是主要探讨经济学视角下的语言研究。这些研究既包括微观语言本体的研究，也包括宏观语言政策的研究。

第一节　语言经济学交叉学科中的语言研究起源

以往的语言经济学研究对于经济学方向的讨论较多，但是对于语言学方面的讨论较少。本章探讨语言学与经济学交叉学科中关于语言研究的方面，探讨了该交叉学科研究的范围、方法和结论。总的来说，运用经济学方法的语言研究也有了不少的进展，这种进展包括语言学本体和应用研究，而且有时这种语言研究也会对经济社会发展起到作用。

经济学的研究往往追求有限资源的有效配置。从消费者来说，是希望使用最小的成本，来实现效用的最大化；从生产者来说，则是希望使用最低的成本，获得最大的收益。语言学的研究亦可尝试探讨类似的问题，即用更少的语音、词汇和语法等语言单位表示更多的意义。从发话者来说，希望用更少的话表达出更多的意义；从听话者来说，希望从对方较少的语言中获取更多的信息，而不希望对方的讲话毫无内涵却浪费很长的时间。鉴于此，语言学与经济学似乎有一定的联系，运用经济学的方法可以探讨语言学。

语言的研究中曾多次出现“省力原则”或“经济原则”这样的字眼，Zipf（1949）就提出了“省力原则”（the principle of least effort），我们前面提到的发话者（言语生产者）的策略与此是一致的。Zipf（1949）还有“尽力原则（the principle of sufficient effort）”，这一点明显是与“经济性”较难对应的，不管是从发话者来讲还是从听话者来讲。但是这种理论对于语言学的分析提供了一种思路。

从“省力原则”或者萌芽的“经济原则”出发的语言学研究尚且不够深入。直到 20 世纪末 21 世纪初，如 Rubinstein（1996，2000）、Benz 等（2006）学者运用经济学和数学的方法分析语言，增加了运用经济学理论分析语言的难度和深度，我国学者向明友（2000，2002）亦对于这类研究进行了较多的探索，崔萌、张卫国、孙涛（2018）还研究了语言距离与语言习得的关系。宏观语言研究方面，张卫国（2011）从经济学和语言学比较的视角探讨了语言政策和语言规划。笔者也尝试运用了经济学理论进行语言教学及语言现象的研究（李龙，2021）。总的来说，近些年对于语言“经济性”的研究有所加深，在广度上已不仅限于语言本体的研究，还对于应用语言学有较多的涉及。

关于语言学与经济学交叉学科，经济学家做出的相关研究较多，其主要研究语言变量对于经济发展的意义，主要为经济学方向的研究，而语言学研究的转向，着重运用经济学的理论对语言进行研究，我们从“研究的范围”

“研究的方法”和“研究的结论”三个方面进行梳理，以期对语言学的跨学科研究有一定启示。

第二节 关于经济语言学研究的范围

语言学的研究一般分为理论语言学和应用语言学研究两个方面，而语言学与经济学交叉学科的研究对这两个方面均已经渗透到。理论语言学研究语言现象内在的深层规律，包括音系学、语义学、词汇学、语法学和语用学等诸多方面。以往的语言学研究从结构主义语言学角度出发也好，从转换生成语法角度出发也好，从系统功能主义角度出发也好，或者从认知角度出发也好，都从各个层面对语言学有了较为深刻的理解，但是其中有些问题传统的语言学研究似乎依旧没有给出更好的答案，因此有学者就尝试从经济学的角度给出了一些说明。

（一）运用经济学理论对于语义的研究

语义的产生是一个较难界定的假说，Rubinstein（1996）采用经济原理和数学方法，从“指示亲和性（Indication - friendliness）”“信息蕴含性（Informativeness）”和“描述简易性（Ease of describability）”三个方面对于语义的本质进行探索，二元关系是其中的重要概念。而语义的本质更是相似，Rubinstein 的研究对于继续深入理解索绪尔《普通语言学教程》中的许多概念具有积极的意义，也可以了解为什么索绪尔采用“能指”和“所指”二分法的内涵。在索绪尔的求学经历中，其物理学和化学的学习背景，使其对于数学的二分结构也有着充分的认识，其结构主义语言学的“符号”特点，与数学方法是“谋而合”。在 Rubinstein（2000）的研究中，其运用演化博弈论的方法尝试探讨了语义的产生问题，认为语义的形成是一个演化稳定策略。博弈论虽然广泛应用于国际关系、生物学等多个学科，但其在经济学中的应用十分广泛，即使是应用于其他学科，其最关键的核心概念依旧是“收益”。语言学中使用博弈论进行分析也可以得出一些新的观点和结论。

（二）运用经济学理论对于语法学的研究

以往的语言学研究中已经涉及“省力原则”和“经济原则”等概念，韩芸（2007）曾对“经济原则”的兴起、发展及前景进行了详细的描述。总的来说，“经济原则”是语用中的一种表现，这种语用影响到了语法的自然结构。李龙、朴雪豪（2020：238）认为话语标记其实是经济原则中均衡的一个特殊表现，并以汉语和韩语中的应答话语标记“那”为例进行了对比研究。在语流交际中，从“礼貌原则”和“合作原则”考虑，在发话者话轮结束以后，应答者需要表示听到了并且做出其他会话应答，此时一般不会重复发话者所有内容，而是通过某类话语标记，既表示了对于发话者的应答，同时又节省了时间，可以说这是一个较为典型的“经济原则”。听话者是下一个话轮的发起者，从生产者的收益角度考虑，应该用最少的成本去实现最大的效益，“语言生产者”即是用更少的话表示更多的内涵。

（三）经济学理论在语用学中的应用

经济学理论在语用学中的应用最为广泛，Benz 等（2006）的论文集是围绕博弈语用学展开的。我国学者向明友曾有多篇论文探讨“经济分析语言学”，其中内容也大多是讨论语用问题（向明友，2000，2002a，2002b，2004；向明友、朱迈青，2001），这主要是因为语言的一个重要运用就是日常会话，而会话时会讲究策略，经济学则可以对这种策略运用相关理论进行分析。人们的日常交谈看起来是杂乱无章的，但实际是有规律可循的，即使是那种发泄、八卦等性质的聊天，其中也是带着说话者的效用考量的，往往发泄性质会话的效用考虑的是眼前利益，使发话者暂时心情舒畅，而忍耐不发则考虑的是长远的利益，因为不择口的说话可能会引起人的反感，而使人敬而远之。

接下来我们来探讨经济学理论在应用语言学中的探索。一般来讲，应用语言学包括“语言教学（二语习得）”“语言规划”“自然语言处理”“辞书编纂”和“翻译”等诸多方面。经济学理论在相关研究方面也发挥了一定的作用。

1. 二语习得

在语言教学方面，借助语言距离概念可以了解学生的语言差异对于汉语成绩的影响，崔萌、张卫国、孙涛（2018）运用语言距离、母语差异等概念，对于来自亚洲、非洲、美洲、欧洲和大洋洲的学生进行了分析，各国学生的母语与汉语距离作为解释变量，得出结论语言距离与语言习得呈现负相关关系，这对于不同国家的学生采用不同的教学策略有一定的借鉴意义。教师的偏好也会影响到语言的教学，李龙（2021）就对这种偏好进行了分析，另外还利用课堂时间预算线以及无差异曲线等概念对于第二语言课堂时间的合理分配做出了探讨。

2. 语言规划

著名语言经济学者 Grin 的“*Language Policy Evaluation and the European Charter for Regional or Minority Languages*”（Grin，2003）一书中对一些语言规划问题运用成本收益方法尝试进行了分析，探讨了总成本、平均成本和边际成本等与收益的关系，并设定了案例进行成本效益的评估。我国学者张卫国（2011）亦从经济学与语言学比较的视角探讨了语言政策和语言规划问题，认为语言规划的经济学分析具有可行性。本书基于经济学视角对于 RCEP 国家语言政策和语言规划的比较分析，从大的方面来说也是一个应用语言学的研究。

3. 自然语言处理

机器翻译是应用语言学中的一个重要部分，目前机器翻译的成果是十分丰硕的，但是人们在使用各类翻译软件时依旧会发现各种类型的语言对译偏误。如果使机器深刻“理解”语言的“经济原则”，熟悉不同语言的结构特征，使机器翻译能够将省略的信息补出，例如，汉语的“意合”通过“经济原则”分析，在进行英译时可否补全相关语法结构，这可以说是机器翻译的一点进步。具体说明就是，在自然语言处理中，汉语的“意合”可能在机器语言处理中不是那么自然的，在汉译英时，可以采用“反经济原则”，对于汉语中无但英语中有的关联词等因素进行补充，从而达到精确翻译的效果，这需要语言学中对“意合”和“形合”的广泛且有深度的研究作为基础。

经济语言学的研究虽然取得了一些成果，但是依旧处在起步阶段。陆俭明先生（2021：1）提到“未来的语言学研究应该更注重跟其他学科研究的互动。在这方面，计算语言学、心理语言学的创立与发展已经为我们树了个样板”。经济语言学的研究相对来说还远远不够，还需要进一步发掘。值得一提的是，语言学的研究为语言距离测定提供了基础，如世界语言地图是测定语言距离的重要方法之一，而语言距离概念的探索为国际贸易的分析以及经济合作的研究提供了较多的支持，是语言学服务社会发展的一部分。

第三节　关于经济语言学研究的方法

经济学理论包罗万象，具有诸多的研究流派，从大的方面说可以分为微观经济学和宏观经济学。从微观经济学来说，就包括需求供给理论、生产者理论、消费者理论（边际效用递减率）和博弈论等众多内容，而宏观经济学涉及国民收入和政府的财政政策等内容。经济学对这些内容进行分析时用到了许多严格科学的计算方法，其亦可以用到语言学的分析中。

微观经济学的原理常常可以用到微观语言学的研究中，如消费者理论中的“边际效用递减”原理，周有光先生曾提出了汉字的“效用递减率”（周有光，1992：155），汉字的这种特征可以用在词典的编纂以及教材内容的合理设置中。不仅汉字具有这种特征，其他语言的词汇也有类似的特征。

成本与收益是生产者理论中的一个重要内容，这用在语言政策的分析中也是十分合适的。当然，也需要对财政政策有较好的把握，这样使语言政策的制定有章可循，通过成本收益的计算制定出较为符合时宜的语言政策和规划。这种成本除了可能用金钱来计算外，还需要考虑边际成本和机会成本等理念，收益亦可以加入其他的考虑因素，如社会的稳定、长期的经济发展以及人们沟通收益的最大化等。

博弈理论经过数十年的发展，更趋于成熟和实用化，其涉及完全信息静态博弈、完全信息动态博弈、非完全信息静态博弈、非完全信息动态博弈和演化博弈等。博弈理论首先要考虑博弈的参与者、策略、收益和均衡等因素，通过这些分析，可以清晰看出游戏的均衡是如何达成的，分析参与者采用怎样的策略是更为合理的。在语言学中，博弈论经常用来对会话分析进行阐述，这是因为会话分析往往包括博弈相关的因素，而且运用博弈论的方法能够分析到问题的本质。

演化博弈论作为博弈论的一种形式，其在参与者、策略、收益和均衡的分析方面与普通的博弈理论有一定的差异，其收益往往指的是可繁衍的适应度，其均衡指的是稳定的演化策略 ESS（Evolution stable strategy），突变体在整个群体中是难以存活的。演化博弈论常常用在生物学的演变分析中，然而这种应用也可以很自然地转移到语言，因为语言也是不断地发展演变的。语言的演变在微观上体现为语音、语义、词汇和语法等方面的演变，在宏观上则是某种语言的繁荣和某种语言的消失问题。在第十一章我们探讨数学方法与语言规划时，提到 Abrams 和 Strogatz（2003）、Mira 和 Paredes（2005）以及 Minett 和 Wang（2008）对于语言变化的分析，语言的演变状态可以用动态方程进行模拟，从而提出更好的语言保护的策略，我们在第七章也尝试提出了语言的动态保护方案。笔者还曾尝试运用演化博弈理论对于城市化进程中乡村方言使用的变化状态进行了分析（李龙，2021：73 - 84）。

从需求供给理论来说，可以对语言的国际传播进行模拟分析，了解世界市场的需求，制定更为合理的语言推广策略。经济学的理论众多繁杂，以上只是将部分研究方法进行了介绍，随着“语言经济学”和“经济语言学”学科的逐渐成熟，会有更多的研究成果，对于指导语言研究和经济发展起到重要作用。

第四节 关于经济语言学研究的结论

交叉学科的研究需要能够起到以往研究做不到的效果，才能体现出交叉学科研究的意义。对于语言学与经济学交叉学科研究来说，一方面研究语言作为变量对于经济发展的意义，另一方面运用经济学方法研究语言的本体与应用，都需要做出新的有意义的研究成果，才是这门交叉学科存在的基础。将语言作为变量，探索其对于经济发展的意义，研究成果已经比较丰富，其对于社会发展的贡献不言而喻。在本章中，主要探讨经济学的方法与语言研究的融合带来的许多结论，探索“经济语言学”的意义所在。

在语言教学中，经济学的理论可以有重要的发挥空间。如汉字、词汇等语言要素都存在边际效用原理，那么借助这种结论可以对语言的教学安排做到一定的提醒，课堂授课时遵循学生的学习规律，因势利导，可以起到更好的教学效果。这种利用边际效用原理探讨语言使用规律的看法，对于外语词汇的学习与掌握，以及进行循序渐进的学习有着一些启发。对于第二语言课堂来说，学生的发言练习往往是课堂教学的一项重要内容，而具体占用多长时间，需要根据学生水平而定，李龙（2021：62－72）就利用古诺纳什均衡原理对于第二语言课堂的发言时间进行了一些探索，经验上的让学生说多少并不能适用于所有的课堂，而通过古诺纳什均衡的原理可以对不同的课堂采用不同的教学策略。

经济学理论还可以对语义起源有新的看法，以往语言学中对于语义的产生途径研究不多，大部分的研究观点集中于索绪尔《语言学教程》中所指出的“能指”和“所指”，即符号学的一些研究成果。而运用经济学的方法可探索前人似乎未能开垦的内容，当然也是较为难以探索的内容，即语义的诞生问题，这种探索索绪尔虽然自己也认为并不一定明确（Rubinstein，2000：34），但是这种方法对于研究语义的演变以及话语标记的形成等问题，可以更为清晰地了解到其中的一些脉络。

关于互动的会话分析方面，第十三章详细论述了互动语言学理论与博弈理论对于语言学研究的差别。互动语言学的研究限于表层，就语言事实进行研究，而博弈论的探索更为深入，有理论框架。因此将互动语言学理论与博弈理论相结合，对于实际运用的日常语言可以进行更全面和更深刻的分析。

关于语言距离与引力模型问题，语言距离的研究对于国际贸易合作和第二语言习得等方面都有着重要的意义。对于语言距离的研究，语言学家可以进一步分析，这可以起到一举三得的作用：第一，可以对语言的本体有更好的理解，包括语言的谱系等问题；第二，可以使相关研究对于语言教学起到促进作用；第三，可以对于国际贸易合作推动经济社会发展起到重要的作用。

语言距离的研究较为直接地体现了语言学对于社会发展的贡献，可以从一个新的视角看待语言研究。

关于语言政策的收益问题，从经济学的成本收益等角度出发，语言政策的研究有了更为理性的考虑，例如，从边际理论出发探讨语言规划成本收益，从外部性出发研究文字政策，运用数学模型探讨语言竞争，还有采用计量模型分析各种变量间的因果关系等，使各类语言政策和规划制定时可以有更多的考虑。

“经济语言学”的结论对于语言本体研究、语言教学研究以及语言规划研究等层面都有着积极的影响。语言的经济原则也可以包括文学方面，如近现代的小说语言往往是文白并用的（如《水浒传》），使用一定的文言，体现生产者（作者）的收益（水平），使用一定的白话文，体现消费者（听者）的需求，在有效的沟通里，实现了文言与白话的经典结合。

“经济原则”或者“省力原则”已经在以往的语言学研究中有了诸多的体现，但是其研究还缺少更多的理论支持，新的经济学视角的研究，拓展了研究的广度和深度。经济学中的诸多理论尤其是博弈论的应用，使对于语言演变的认识更为清晰。科学研究重要的是发现问题与解决问题，而当传统的方法在解决问题具有局限性时，通过跨学科的思维方式可能会起到更有效的结果。语言学中的诸多问题可借助经济学的思考方式，同时经济发展中的诸多问题可能与语言相关，准确理解两者之间的联系，既可以促进语言学的深度研究，同时对于促进经济发展有重要的作用。进一步说，跨学科的语言研究既注重解决理论问题，也注重探索应用问题，因此不管是注重经济学方向的“语言经济学”还是注重语言学方向的“经济语言学”，都可以对于学术研究及社会应用有一定的贡献。

第十五章　相关研究书评

第一节　《语言学与经济学之桥》(*Bridging Linguistics and Economics*) 介评

一、引言

语言经济学的跨学科研究已经进行了 50 多年。最早提出"语言经济学(Economics of language)"一词的学者是著名的信息经济学家 Marschak(1965)。此后，语言经济学的研究主要分为两个方向：一是语言对经济的影响，二是运用经济学理论对语言学进行研究。前者的研究成果较多，而后者的研究成果尚且较少。

近年来，语言经济学的研究在世界范围内仍十分活跃。Vigouroux 和 Mufwene（2020）共同编纂的《语言学与经济学之桥》（*Bridging Linguistics and Economics*）一书共分为九章，汇集了语言经济学领域九篇未发表的研究论文。其研究范围较广，部分实证研究较为深入，它是语言学和经济学跨学科研究领域的重要参考著作。我们首先介绍该书的内容，然后评论该书的一些特点。

二、内容介绍

在第一章中，正如作者所说，语言学家需要从经济学家那里学习分析的具体性和简单性，而经济学家忽略了语言学家指出的重要解释因素，从而陷入了强迫的简单性。语言能力与经济表现（如工资、就业等）之间的关系，以及语言一致性与经济发展之间的关系，是其中的主要话题。一些社会科学研究很难给出定量的解决办法，但经济学家可以通过数学建模和数据分析给出一些具体的解决方案。这就是为什么语言学和经济学可以结合，为什么语言学家需要经济学和经济学家需要语言学。

我们知道世界上大约有6000种语言，从第二章可以看出，语言多样性作为社区分化的代表，对经济增长、政府质量、公共产品提供、政治稳定等具有消极或积极的影响。为缓解消极影响，建议对语言实行标准化，但语言的标准化必然伴随着剥夺某些语言的使用权利。一个紧迫的实践问题是，在一个语言多样化的社区，应该以怎样的最佳方式追求标准化。

网络环境是否促进了语言的多样性？我们可能会对这个问题说“是”，因为我们认为互联网促进了交流。从第三章，我们看到现实并非如此。大多数互联网内容是用几种主要语言编写的，这反过来又提高了某些语言的价值，扩大了使用这些语言的人的声音。这几种语言的主导结构是从过去的殖民地或帝国制度继承下来的。语言的可见度或不可见度听起来像是数字鸿沟，然而，数字鸿沟甚至存在于大国之间以及大国和小国之间。本章比较关注低收入国家和高收入国家在互联网上语言可见度方面的差异，尽管这与所谓的数字鸿沟并非无关。作者的理想是使用少数民族语言的人也可以自由地访问互联网，形成自己的数字社区来表达自己的文化。然而，这一理想似乎是较难实现的，因为像Facebook、Youtube等主要网络平台的运营显然是基于利润动机的。

第四章主要讨论两个问题，即语言的重要性以及语言政策的成本和收益。语言学一直在分析这些问题，那么，经济学又做出了哪些额外贡献？语言经济学运用最优化和计量经济学等经济学方法，试图揭示收入、成本和效益等经济方面的问题。语言的经济分析从20世纪70年代就开始了，换句话说，我们不能说历史很短。

第五章涉及巴尔干地区10～20种土著语言的生态，即存在和文化。政治、宗教和经济是一种语言得以生存的因素，本章着重探讨学习一种语言并使其可持续发展的经济动机。阿尔巴尼亚南部的希腊语和希腊西部的土耳其语就是两个例子。阿尔巴尼亚南部将希腊语作为第二语言的人现在确实有认真学习希腊语的动机，这是因为，希腊语对于接待来自希腊的游客和在希腊找到工作是必要的。

第六章关注在美国出生或14岁以下移民儿童双语的决定因素。提出的决定因素主要与接触英语以外的其他语言的程度有关。这些因素与成年人双语的决定因素形成对比，后者主要与劳动力市场机会和收入等经济激励因素有关。本文使用ACS（美国社区调查）数据集（2005－11）进行回归分析，发现最重要的决定因素是父母的英语水平、父母的出生地、同宗父母和语言集中度。

第七章论述非洲的经济和语言。就GDP而言，许多非洲国家的经济增长令人印象深刻。然而，这些国家的大多数人仍然处于贫困之中。换句话说，它们的经济增长不具有包容性。经济增长的成果集中在一小部分人身上。他们经济增长的源泉是开采自然资源和农产品，如石油、天然橡胶、椰子等，这些产品没有经过加工，只是出口到发达国家，换句话说，他们只是利用上帝赐予的礼物，而不是自己增加附加值。为了使其经济增长更具包容性、生产力和可持续性，应让大多数人参与经济进程，为此，在教育和政府管理中使用当地语言是一个良好的、历史证明的战略。

第八章论述了语言作为一种经济商品，具有公共物品和网络外部性的特征。世界上有成千上万种语言，这些语言像星系一样存在，包括核心语言和边缘语言。像卫星围绕行星运行，行星围绕太阳运行，这些语言聚集在一起时，就会产生超中心语言、中心语言和许多外围语言，它们构成了一个世界语言系统。世界上有六七千种语言，然而97%的人口只使用约200种语言。为什么语言系统中会出现这种踩踏现象？这是因为语言是集体物品。使用一种语言的人越多，学习和使用这种语言就越有利可图。语言系统的这种极端集中使文化产品的交换变得不平等，翻译就是一个直接的例子，用超中心语言（如英语）撰写的文学作品会被翻译成许多其他语言，反之则不多。这种不平等的交换并不局限于文学，而是扩展到文化产品的所有领域，如电影、流行歌曲等。

第九章论述语言经济和语言权利。这可以更直接地理解为语言权利（保持语言多样性）是否在经济发展中发挥积极作用。对这个问题的看法分为两个方向：一些学者认为语言多样性起着积极的作用，而另一些学者则认为语言同质性起着更积极的作用。事实上，这是关于语言权利的讨论，作者从“人权”的角度对“语言权”进行了说明，并结合生态观对“语言生态”和“语言权”进行了探讨。语言的使用状态是多样的，并且处于进化状态。语言使用也有弱肉强食的规律，“大”语言可能欺负“小”语言，濒危语言可能需要保护。语言的使用可能需要官方立法的支持。

三、评论

《语言学与经济学之桥》一书汇集了众多杰出学者的研究成果，包括综合讨论、语言权利与语言生态整合分析等。书中的许多章节都涉及语言多样性的问题，如第二章、第三章和第七章。语言的多样性到底对经济发展是否有利是一个值得考虑的问题，一些地区由于语言多样性而在经济发展方面遇到困难，但在一些地区（如欧洲）却有一些成功的经验。语言多样性的分馏（fractionalization）是一项非常重要的工程，经济学家和语言学家合作，对语言分馏进行科学统计，制定规范的语言，可维护社会稳定，促进经济发展。演化博弈论也可用于语言多样性的分析，如 Sperlich 和 Uriarte（2019）认为语言种群动态可以通过演化达到一个稳定均衡。随着经济的发展和社会交往的增加，从演化博弈论的角度来看，由于某些语言的使用是一种演化稳定策略，人们自然会转向他们认为更具“经济价值”的语言。

虽然语言多样性可以维持多种文化资源，但人们在语言学习和交流方面会遇到一些困难，如 2020 年初，来自全国各地的医生赶赴武汉进行救援时，方言间的交流就带来诸多不便。与此同时，世界上大多数发达国家都倾向于使用统一的语言，而大多数贫穷落后的国家语言则是多样性的，且缺乏有效的语言政策和语言规划。早在 20 世纪六七十年代，两位学者的研究（Fishman，1968；Pool，1972）就形成了 Fishman - Pool 假说，即语言多样性与经济发展呈现负相关关系。20 世纪末，Fishman（1991）和 Nettle（2000）对语言多样性与经济发展的关系进行了再次反思，这也表明语言多样性与经济发展的关系是值得进一步讨论的。

Grin（2003）就开始使用经济学方法评估语言政策和语言规划，但论述并不多，书中又进行了一些讨论。从经济学的角度我们可以探讨许多语言问题，语言政策和语言规划是语言经济学跨学科研究中相对容易突破的一个方向。然而，仅仅简单从成本收益的角度来衡量语言政策的效用是比较困难的，例如，当鼓励标准语言而限制某种少数民族语言时，人们对于本民族语言的深厚情感可能会引发社会问题，也就是书中提到的“语言权利”问题。一般来说，使用标准语言的长期收益大于短期收益，例如，秦始皇的“书同文字”策略是中国长久统一的基础之一。但是，保留少数民族语言可能更有利于国际交流，例如，东北地区的朝鲜族与朝鲜人、韩国人沟通时，广西的一些少数民族与东南亚国家沟通时，都对于促进贸易和旅游起到了积极的作用。因此，在评估语言政策和语言规划时，应因地制宜，因时制宜，长期收益与短期收益相结合，才能制定出更为科学合理的政策。

就公共物品属性而言，语言不同于其他公共物品。例如，空气是一种公共物品，人们呼吸时，英国的空气与中国几乎相同，因此中国人到英国或者英国人到中国都能很快适应这种环境。而语言则不是这种情况，一个未学过英语的中国人到达英国后会遇到较多困难，一个不会汉语的英国人来到中国同样如此。所以说，作为公共物品的空气和作为公共物品的语言，其性质是存在差异的。

在语言经济学跨学科研究中，大部分的研究都是以语言作为变量进行经济学研究的，但从经济学角度对语言本体的研究却较少，《语言学与经济学之桥》一书同样如此，基于经济学视角的语言本体研究还可以继续探讨。

第二节 一个对语言政策较为全面的研究
——《语言政策》介评

一、引言

语言政策和语言规划研究是社会语言学研究的一部分，可以从语言学的角度对社会发展做出直接的贡献。关于语言政策和语言规划研究的经典专著有许多，约翰逊（Johnson D. C.）的著作《语言政策》（*Language Policy*）具有后发优势，在对前人学者的研究进行综合把握后，既做出了详细的理论介绍，同时也有语言政策和规划的案例分析，并对语言教育政策等领域进行了详细的说明。

该书的英文版 *Language Policy* 由 Palgrave Macmillan 出版社于 2013 年出版，后中国学者方小兵将其翻译成中文版于 2016 年由外语教学与研究出版社出版，给国内的语言政策和语言规划研究者带来不小的便利。全书共分为四部分：第一部分为基础研究，主要说明语言政策的定义和理论等内容；第二部分探讨研究的发现，也包括案例研究；第三部分探讨语言政策研究的范式和方法等内容；第四部分为语言政策相关研究的资源介绍。

二、内容简介

第一部分共两章。第一章主要分析语言政策的定义，探讨什么是语言政策。本章简单说明了“语言规划”与“语言政策”的异同，虽然在第二章详细介绍了最早产生的术语是“语言规划”，但是作者在第一章也提到了 Hornberger（2006）的观点，即“语言政策”和“语言规划”这两个术语在研究意向和研究目标方面已经融合。作者列举了关于“语言政策”的五个定义，整体来看，“语言政策”有着较宽的外延，使语言政策研究似乎已经成为社会语言学领域最为广泛的研究。在语言政策的类型方面，作者进行了这样的总结：根据形成机制，语言政策分为“自上而下”和“自下而上”；根据手段和目标，语言政策分为“显性的”与“隐性的”；根据文献，语言政策分为“明确的”和“模糊的”；根据法律与实践，语言政策分为“法定的”与“实际的”。这也体现出了语言政策研究的多样性。作者还列举了一些语言政策的范例，如英语的语言政策、土著语言政策和赤道几内亚与石油生产有关的语言政策等。

第二章是对于语言政策的理论、概念和框架进行历史性的回顾，对于语言规划和语言政策研究过程进行了较为详细的说明。在研究初期，最早是由豪根教授于 1959 年提出的术语“语言规划（Language Planning）”，“本体规划”的概念也由此而生，与此相对应的是对语言功能与用途的探讨，即“地位规划”，到了 20 世纪 80 年代末，“习得规划”也加入“语言规划”的框架中。可见，“语言规划”的概念产生时间较早，而“语言政策”是在对“语言规划”不断探讨的过程中产生的，作者在第一章提到“语言政策”的几个定义时，其时间跨度为 1991～2011 年，而其中 1997 年 Kaplan 和 Baldauf 的定义也说明了语言政策是语言规划概念的一个组成部分（约翰逊，2016：3）。第二章对语言政策有着多个角度的分析，如批评（社会）语言学、少数民族语言政策、批评性语言政策、语言政策的民族志研究、语言转用、语言生态学以及语言教育政策等。

第二部分为研究发现，包括第三章“案例研究”和第四章“发现”。第三章采用案例分析的形式，介绍了某些国家在语言政策领域的一些实证研究，包括亚洲、欧洲、非洲和美洲的诸多国家。在亚洲国家中，介绍了中国的英语教育，介绍了老挝的双语教育，介绍了以色列的阿拉伯语语言政策；在欧洲国家中，介绍了威尔士的双语教育，介绍了法国法语入门课堂中的实践性语言政策，介绍了语言生态与瑞典国家电视台的关系；在非洲国家中，介绍了莫桑比克的殖民历史与双语教育；在美洲国家中，介绍了美国的移民和语言意识形态。这些先行研究是作者做出一些研究发现的基础。

第四章作者介绍了自己的十二个语言政策研究发现，分别为：语言政策参与者拥有权力；语言政策在仲裁者和实施者之间权力分配不均；政府机构通过语言政策进行操控；国家多语政策确实能为多语教育和少数语种提供空间；地方多语政策确实能为多语教育和少数语种提供空间；“自上而下”和“自下而上”是相对的；仅有多语制的宏观语言政策是不够的；仅有多语制的地方语言政策也是不够的；中观语言政策的重要性不容忽视；国家语言政策未必有意识形态上的一致性；政策意图尤其难以确定；语言政策话语自成体裁。作者的这些发现既是对于语言政策研究的总结，同时也提出了新的研究课题。

第三部分为语言政策研究，共三章内容。第五章说明语言政策研究的范式与研究方法。作者对早期的语言规划研究进行梳理后，对“历史—文本分析”“政治法律环境分析”“媒体话语分析”“民族志研究”和“话语分析”五个方面的研究方法进行了评述。

第六章探讨语言教育政策的研究，主要分析了行动研究方法与参与进程。行动研究方法自 20 世纪中期提出，后来逐渐形成了较为成熟的螺旋模式研究方法，其在语言政策中也可以发挥出重要的作用。行动研究方法的主要步骤为：制定行动计划，通过行动和观察进行第一阶段反思，然后修改计划，继续进行行动和观察，并通过进一步的反思得出结论。作者还通过南非替代性教育研究项目、美国费城学区的语言教育政策和新西兰的毛利语语言教育政策进行了案例分析。政策制定、政策阐释与政策援用是语言政策产生与应用的三个阶段，作者通过宏观语言政策、中观语言政策和微观语言政策等划分方法进行了说明。

第七章介绍了一些研究方向和研究项目范例。详细介绍了学科视角的语言政策研究话题和与各话题对应的语言政策研究背景，分析了语言政策研究的渠道和研究立场，重点说明了数据的收集与分析，从政策制定、政策阐释到政策援用三个进程找到研究问题，然后通过访谈、互文性分析和历史—文本分析等方式，对语言政策和语言规划提出建议。

第四部分只有一章，即第八章，主要介绍了当前语言政策和语言规划研究的资源，包括图书、期刊、专业组织与学术会议、语言（教育）政策研究机构与项目、语言政策文本范例、电子邮件列表和网站七个部分。其中图书部分对编著和专著还根据时间等条件进行了细致的划分。

三、评价

虽然之前关于语言政策和语言规划研究的著作已有较多，但是约翰逊的《语言政策》依旧具有自身的特点，是一本不可多得的佳作。

（1）内容全面而深入。既包括了对语言政策和语言规划定义的详细梳理，又对该领域的发展历程进行了详细的介绍，同时介绍了许多可用于语言政策和规划研究的思路和研究方法，还介绍了丰富的研究资源。对于语言政策研究的人员来说，通过这本著作，可以对语言政策研究有比较全面和较为深入的了解。

（2）该书对于术语的较为清晰的整理和分析。“语言政策”和“语言规划”这两个概念常常放在一起讨论，意义也极为相似，其区别到底是什么，作者给出了较为明确的说明。虽然从历史的发展来看，“语言政策”概念晚于“语言规划”，但随着研究的深入，这两个概念几乎已经合而为一。

(3) 科学研究除理论的深入探讨外，还应解决实际问题。作者对于语言政策的研究中分析了大量的实际案例，包括亚、欧、非、美和大洋洲的诸多国家，体现了语言政策研究的实际意义。除宏观叙事外，作者还提到了一些具体语言实践，如教师在课堂上的语言声明（“此项活动只能使用英语”）和家庭中的语言政策（“饭桌上不要使用禁忌语”）等，这都体现了语言政策的微观意义。

(4) 翻译版的优点是，对某些不常见的术语进行了比较详细的注释，便于读者能够比较流畅地阅读该著作。例如，第 85 页翻译作者对于“间信度(inter - reliability)”和“内信度（intra - reliability)”的解释、第 103 页翻译作者对于“平行双语教育”的解释等。

(5) 作者在书中提到南斯拉夫的语言政策，是语言多样性研究的一个很好的例子。书中仅从政治角度进行了分析，稍显不足，可融合其他视角进行讨论。到底语言多样性是具有优点还是缺点，这是一个比较难以说明的问题。从经济学的角度，虽然费什曼—普尔假说（Fishman，1968；Pool，1972）认为语言单一性的国家经济发展更为突出，但是如果过分强调语言单一，而忽视了语言权利，引发战争与解体，那么这样的语言单一性要求就有些得不偿失了。

(6) 作者在书中对语言政策的一个例子提到多次，即埃克森美孚石油公司在赤道几内亚投资后的语言政策。作者在赤道几内亚的大学中采用了双语课堂（西班牙语、英语）的形式，但游戏的最后却逐渐成为单项的语言辅导课。作者认为此项活动失败的主要原因是英语学习在赤道几内亚的价值更大，但并未给出更为深入的分析。关于双语使用的竞争，用演化博弈理论可对类似的双语现象进行解释，在两种语言收益不平等的状态下，随着时间的变化，最终会转向其中的某一种语言。

因为语言政策和语言规划研究的内容与方法不一而足，依旧存在很多待改进之处，随着时代的发展和其他科学方法的成熟与运用，语言政策研究可以不断臻于完善。

第三节　语言政策分析的一个新框架
——《语言政策评估与〈欧洲区域或小族语言宪章〉》介评

一、引言

语言政策是指官方对语言文字的使用做出相关规定或者建议。对于语言政策的研究最早可以追溯到20世纪中叶，其研究方向包括标准语言或者文字的制定、双语制或多语制的考量、少数民族语言的保护、语言政策与经济发展的关系、语言政策与政治等方面。可以说，对语言政策做好评估，对于促进语言研究、社会稳定和经济发展都有着十分重要的意义。

弗朗索瓦·格兰（François Grin）教授所著《语言政策评估与〈欧洲区域或小族语言宪章〉》（*Language Policy Evaluation and the European Charter for Regional or Minority Languages*）（以下简称《评估》）是提出对语言政策做出评估的一部专著。该书最早在2003年由英国Palgrave Macmillan出版社出版，2020年12月何山华教授翻译后由外语教学与研究出版社出版了该书的中文版本，为研究语言政策评估提供了更多便利。特别值得说明的是格兰教授，其是语言经济学研究领域著名的学者之一，尤其是在语言政策和语言规划领域有着很深的造诣。《评估》一书也是关于语言政策和规划的一本经典著作，下面做出简要介绍和评价。

二、内容介绍

《评估》一书分为四个部分，第一部分为“核心议题与概念”，第二部分为“欧洲区域或小族语言宪章”，第三部分谈论“实施”，第四部分为“结论”。另附录有《欧洲区域或小族语言宪章》全文、《宪章》说明报告和《弗伦斯堡建议书》等内容。

第一部分“核心议题与概念”分为两章。第 1 章为“引论”，说明了该书创作的初衷，即为解决语言问题而架构一个桥梁，语言问题不仅是语言学需研究的，同时也需要借鉴其他社会科学知识，作者就《欧洲区域或小族语言宪章》（以下简称《宪章》）的内容提出语言政策和规划的评估工具，如“法律—管理”视角和社会语言学视角，用一种新的评估方式来看待语言选择问题。第 2 章结合《宪章》讲述了语言政策，包括语言政策所对待的问题，如小族语言问题；也包括语言政策的所用的分析方法，如实证分析；亦包括语言政策中的一些核心概念，如“语言保持”，对“语言政策”的概念也进行了深度剖析。

第二部分说明《宪章》。在本书的“附录”部分已有《宪章》全文，在第二部分主要是说明《宪章》的起草背景、批准过程、内容简要说明、执行机制等问题。《宪章》的起草与 20 世纪下半叶的政治、经济环境密不可分，语言问题已延伸到政治稳定领域，因此制定一部维护多语种的法律条文成为一种迫切的需求，通过听证会以及设定相关委员会，该法律条文终于在 1992 年通过，这也是世界上第一部保护小族语言的法律文件。《宪章》内容分为“序言”“总则”“目的与原则”“在公共生活中推行区域或小族语言的措施”“《宪章》的实施”和“最后条款”六部分，既有背后的哲学与法律概念，又有具体的推行措施。

第三部分“实施”是本书的核心部分，分为第 5 章至第 9 章五个章节。第 5 章论述了“优秀政策”的制定，认为“效力”“成本效益”和“民主”是“优秀政策”的三大原则，《宪章》从法律条文能否成为“优秀政策”，也需要从这三大原则进行深入分析。接下来第 6 章首先探讨“效力”问题，作者提到小族语言保护的总体目标其实是“语言自我传承机制”（self - priming mechanism of language reproduction），因此实现这种机制需要三个目标条件“能力”“机会”和“意向”，实现目标的领域包括“教育”“司法系统”“行政机关与公共服务”“媒体”和“经济与社会生活”等，制定目标，评估目标达成的程度，才可真正实现政策的效力。第 7 章讲述“成本和成本效益”，即衡量语言政策投入的成本与收益之间的关系。语言政策的成本包括机会成本、非市场成本等，效益则为增加小族语言所使用的时间，亦可考虑边际成本与边际收益。总的来说，评估成本与收益是十分困难的，但是一旦认定收益大于成本，这类语言政策就是值得实行的。第 8 章讲述语言政策制定和改善中的“民主”。优秀的语言政策同样需要民主的决策，作者的“四问”是实现成功语言政策的关键，这“四问”是：公民对小族语言政策信息的了解程度如何；小族语言政策如何并通过哪些机制和平台开展公开辩论；公民对于小族语言政策的关切如何被纳入政策考量和决策；管理系统如何仲裁不同公民和公民群体关于小族语言政策的利益冲突。第 9 章是一个语言教育政策的实例演练。作者通过一个 600 万人口国家的假设，进行了一个实例推演，从而对语言政策进行效力、成本收益方面的预测评估。

第四部分为“结论”，对前面的内容进行总结，并介绍了《宪章》目前的实施情况。根据作者的描述，截至 2002 年 8 月，已有 29 个国家签署，17 个国家批准。最后作者提出了一个展望，即某种语言具备人口基础，有使用环境以及人们对于保护语言社会使用的认识，也基本符合“使用语言的能力”“机会”和“意向”这三大保持语言活力的条件，通过“常态化”实现语言的多样性。

三、简要评述

语言政策的制定一直是个比较难以解决的问题。在语言接触和语言使用中，一些小的语言不可避免地走向消亡。作者认定语言多样性的优点，认为语言多样性也是人类文化遗产，因此需要投入资源予以保护。但是保护的措施怎样来制定，其效果究竟如何，作者借用《宪章》进行了说明，本书在四个方面值得借鉴和深入探究。

首先，是关于《宪章》内容的说明。《宪章》的制定为多语种国家和地区的语言保护或者说小语种语言维持提供了一个借鉴。对其进行可行性的分析，会使其他国家和地区能够更充分地认识到保护一些语言的可行性。尤其是作者提到的“使用语言的能力”“机会”和“意向”这三个可使语言保持的条件，其他国家在借鉴《宪章》时，也可根据自身情况，围绕这三个条件，制定合理的语言政策及规划。

其次，是作者从语言经济学方向的一个思考。虽然作者在前言部分提到这本书是几个传统学科间的综合分析，经济学的内容涉及较少，但可能由于受作者自身在语言经济学领域的深耕影响，在语言政策的成本收益分析方面还是做出了较为详细的讨论和说明。这对于其他国家制定语言政策时进行成本收益分析有了一定的借鉴。作者为了分析的简便性，用到了金钱数量等因素进行衡量，但实际上，语言政策的成本以及收益可能是无形的，还可能涉及政治稳定等因素。因此，语言政策的成本收益不仅要考虑短期收益，还要考虑长远收益，甚至要考虑外部性的收益。

再次，关于语言政策制定的民主问题。前面对该书介绍时提到了作者的“四问”，解决好这些问题对于推进小语种保护有着直接的影响。保护小族语言需要大量的资源投入，不仅需要金钱，还需要大量的人力，然而非小族语言使用者可能认为这是一种巨大的资源浪费，因为非小族语言使用者可能不会从中得利，但是他们却要贡献税收来保护这些语言，怎样调节人们之间的认识，达成共识，是语言政策成功的关键。

最后，作者在该书进行的推演。这种推演一方面体现在成本收益，另一方面体现在对语言教育政策的衡量。使用这样一种类似实证分析的方式，可对语言政策进行量化分析，提升了一定的科学性。语言政策的科学制定需要多学科的一个综合分析，这也符合社会科学的发展趋势，社会科学的研究也应尽量做到对社会发展有直接的帮助，运用实验量化推演或者真实数据进行实证分析，可对制定科学的语言政策起到积极作用。

另外，作为中文版本，该书的翻译也有着较高的水准，文字读起来流畅，内容也十分准确，将书籍原作者的名字也根据官方相关译名手册进行了规范翻译，从早期各类文献中的“格林”改为了“格兰”。稍有遗憾的是，翻译本作为近期刚出版的新作，并未对近二十年来《宪章》的批准国家数量和使用情况进行一些补充说明，当然这可能也是出于对原著的尊重。

总之，作为语言政策和语言规划领域的一部优秀著作，该书对于科学的语言政策制定提供了可以借鉴的分析方式，其所引用的《宪章》也可以作为制定相关法律法规的参考。关于语言政策的制定，如果主观性太强很容易出现走弯路的情况，多利用客观因素开展相关政策和规划研究，可使推进措施更有根据和目的性，既可有效促进语种保护，也可促进社会的稳定和发展。

第四节　华人社会语言调查研究的一个典范
——《马来西亚华人社会语言研究》介评

一、引言

《马来西亚华人社会语言研究》于2021年3月由商务印书馆出版，是王晓梅教授在马来西亚学习和教学多年的研究成果。海外华语的研究近些年受到越来越多的重视，海外华语既是海内外华人相互联系和交流的纽带，同时又是中华文明在海外继承和传播的一个重要途径。因此，做好海外华语研究对于促进人文交流、经济发展和加深中华文明大家庭的建设都有着重要的意义。

二、内容介绍

《马来西亚华人社会语言研究》全书共分八章，除第八章为“结语”外，前七章是对华人社会语言状况的实际调查研究，涉及社会语言学研究的方方面面。第一章介绍了马来西亚的语言概况，马来西亚是一个多语言国家，语言资源十分丰富。而语言资源丰富，往往会引起人们选择使用哪一种语言的竞争，在华人社会就存在英语和华语之争、华语与方言间的竞争等。

第二章分析了华语在马来西亚的传播问题。新加坡和马来西亚边界的华语传播情况比较特殊，作者对这一地区的语言传播通过人口普查数据、发放调查问卷等方式进行了量化的分析，可以看出在该区域相对于方言（如福建话）来说华语传播的绝对优势，提到了形成这种结果的原因有新加坡华语大众传媒、语言认同、华文教育、经济文化价值和语言政策等。对于大众传媒和华人族群认同给语言传播带来的影响，作者还进行了个案研究。

第三章探讨多语社会常见的语言维护和语言转用问题。马来西亚的华人社会也是一个多语社会，包括华语以及各类方言。客家人的方言自古以来传承得十分好，但是根据作者的调查研究，马来西亚柔佛州的客家方言出现的语言转用现象显著度较高，高于福建民系和潮州民系。潮州话是马来西亚华人社会的第四大方言，根据作者的研究，马来西亚的潮州话分为“保持型”“急剧衰退型”“逐渐衰退型”和“没落型”四种情况，这也和经济文化因素以及各方言群通婚有较大关系。值得说明的是，虽然诸多汉语方言在马来西亚一些地区出现了语言转用的问题，但其转用的方向是华语，而非当地主流民族的语言。

第四章讨论语言选择问题，从三个领域进行了调查研究，一是家庭领域，二是教育领域，三是宗教领域。在家庭领域，作者根据年龄进行了语言选择调查，分为祖父母辈、父母辈和孩子辈，比较明显的结论就是祖父母辈以选择方言为主，孩子辈以选择华语为主，而父母辈兼而有之，其中父亲偏向方言，母亲偏向华语，也可以看到母亲在语言转用过程中的更大作用。在教育领域，作者对华裔中学生的情况进行了调查，受华文教育的影响，中学生一代华语的使用已占据绝对优势，逐渐放弃了方言，从性别角度看，女生选择华语的倾向要大于男生。在宗教领域，作者以浮罗山背客家天主教社群为例进行了调查，提到了语言使用的几个危机：方言传承、身份认同疑虑、文化断层。作者认为，虽然方言的认同弱化，但是华语认同是增强的。

第五章讲述语言规划问题。作者首先从地位、本体、习得、声望和认同五个方面探讨了华人社会的语言规划现状，并根据这五个层面提出了一些相应的建议，还考虑到了“语言经济”和“语言规划的制定者”所可能带来的影响。教育领域是语言规划的一个重要组成部分，作者对马来西亚两种典型的华文中学即“国民型华文中学”和“华文独立中学”的语言管理情况进行了田野调查，认为这些学校通过华语教学规划加强了学生的华人认同。作者还讨论了马来西亚华语的语言变体，提出了全球华语规划的想法，认为在跨境交际中需要有标准的华语。

第六章讲述马来西亚的华语语言景观问题。作者以华人新村为例，对于公共标识中所体现的语言景观进行了分析。以华人新村中的沙登新村为例，公共标识中的语言景观主要还是汉字的使用问题，如简繁并用，各种文字并用等。马来西亚的唐人街和小印度的语言景观也很有特殊性，作者通过对华语和泰米尔语的使用情况调查，认为印度族群体现了本地化趋势，华人则不同，但是华人区域的拼音文字体现了不同方言的特点，带有一定的区别性。

第七章探讨语言接触问题。马来西亚的多语社会也会出现类似皮钦语和克里奥尔语的语言接触现象，作者首先以一个华人社会的称谓语“安娣”为例，分析了其在马来西亚华语中的语音形式、传播情况和指称范围，在马来西亚“安娣”一词的语义有所转移，其使用范围也受到一定影响。作者还以表示疑问的“做么”为例，建立小型口语语料库，探讨了华语词汇在马来西亚华语社会中语言变异的一个具体表现。

三、简评

《马来西亚华人社会语言研究》一书是王晓梅教授在马来西亚生活多年潜心研究的一个成果，涉及社会语言学研究的多个层面，调查数据翔实，分析客观，使读者可对马来西亚的华人社会的语言状况有一个较为清晰的认识。

该书的一个突出特点是将量化研究和质性研究相结合。其中量化的研究数据丰富而翔实：其一是量大，如第一章对于全马 25 所华文独立中学的调查，遍布马来西亚各地区，统计人数达到三万六千多名；其二是数据分类明确，如分析对于大众传媒所带来的影响时，对于“书刊”“报纸”“歌曲”“电影”“广播”和“电视”等方面都有涉及；其三是借用了官方人口普查时的关于语言方面的统计数据。数据的翔实收集是进一步分析的基础，当然数据的分析亦需要科学的统计方法，作者在数据分析方面运用到了统计学的诸多概念，使结论可更为科学。因为运用到了统计学方法，因此表和图的体现是不可避免的。在该书中，图表的表现形式多样，这些表和图使分析数据和结论看起来更为明确和清晰，通过数据分析所得出的客观结论，也是未来做好语言规划的基础。另外，关于一些语言景观的图片资料也有着继续分析的价值，如马来西亚华人社会简体字和繁体字的使用对简繁之争的启示。该书还有一个特点是对于理论层面的借鉴也较多，在每一章的引言部分对于当前社会语言学的一些相关前沿研究进行了介绍，如语言维护（language maintenance）、语言转用（language shift）、语言变异（language variation）、语言管理（language management）和语言景观（linguistic landscape）等概念，这对于分析马来西亚的语言情况可起到高屋建瓴的作用。

书中某些内容可以再进行深度探索和做更全面的研究。比如说，在第五章探讨华人社区的语言规划问题时，除地位、本体、习得、声望和认同五个方面外，还提到了“语言经济”，但是论述还较为浅显，实际上，“语言经济学”的理论研究和实践研究都已经比较深入，而目前马来西亚的华语研究在这方面的转向并不多。马来西亚华人社会的语言，甚至包括整个国家语言规划的研究，都值得通过语言经济学的研究方式进行更多的实证分析。另外，由于马来西亚语言资源丰富，各种语言间的接触会形成诸多类似皮钦语、克里奥尔语的语言现象，因此可以将华人社会语言本体研究做得更为全面，也可以从语言演化角度做出更为深入的探讨。

总之，该书优点突出，可以说该书是华人社会语言调查研究的一个典范。近些年从诸多社会科学课题立项来看，华语的研究受到前所未有的重视。马来西亚的华语状况十分值得研究，在没有官方地位的情况下，华语依旧得到很好的传承，这说明了中华文化在华人心中的认同，体现了华人心底中怀揣着对祖国的热爱。为了继续传承好华语，将大华语的规划做好，增进交流和加强国际间的相互理解是十分重要的。

参考文献

[1] 曹贤文，张璟玮．语言多样性与社会经济发展相关性的再认识［J］．语言文字应用，2020（1）：30－39.

[2] 崔萌，张卫国，孙涛．语言距离、母语差异与汉语习得：基于语言经济学的实证研究［J］．世界汉语教学，2018，32（2）：280－288.

[3] 戴炜栋，冯辉．外语专业四、八级考试的历史回顾［J］．外语界，2010（6）：2－8.

[4] 戴昭铭．现代汉语规范化答问［M］．北京大学出版社，2012.

[5] 方梅．互动语言学与汉语研究（第一辑）［M］．世界图书出版公司，2016.

[6] 方梅，曹秀玲．互动语言学与汉语研究（第二辑）［M］．社会科学文献出版社，2018.

[7] 方梅，李先银，谢心阳．互动语言学与互动视角的汉语研究［J］．语言教学与研究，2018（3）：1－16.

[8] 冯志伟，胡凤国．数理语言学（增订本）［M］．商务印书馆，2012.

[9] 格兰·F．语言政策评估与《欧洲区域或小族语言宪章》［M］．何山华译，外语教学与研究出版社，2020.

[10] 国家语言文字工作委员会组编．世界语言生活状况报告 2020［M］．商务印书馆，2020.

[11] 国家语言文字工作委员会组编．世界语言生活状况报告 2021［M］．商务印书馆，2021.

[12] 韩芸．“经济原则”发展概述［J］．中国外语，2007（6）：53－56.

[13] 贺宏志，陈鹏．语言产业引论［M］．语文出版社，2013.

[14] 何莲珍，张慧玉．“中国英语能力等级量表”的语言经济学分析［J］，外语教学与研究，2017（5）：743－753，801.

[15] 黄少安，苏剑，张卫国．语言产业的涵义与我国语言产业发展战略[J]．经济纵横，2012（5）：24－28.

[16] 江进林．我国外语测试实证研究：回顾与展望——基于外语类主要期刊的统计分析（2006—2017）[J]．外语界，2018（2）：40－48.

[17] 蒋显菊．国内英语测试研究：十年回顾与展望 [J]．外语界，2007（2）：89－96.

[18] 金艳，杨惠中．走中国特色的语言测试道路：大学英语四、六级考试三十年的启示 [J]．外语界，2018（2）：29－39.

[19] 李龙．基于经济学理论的语言教学与研究 [M]．中国财政经济出版社，2021.

[20] 李龙．论文字政策与文字规划 [J]．汉字文化，2022（13）：1－7.

[21] 李龙，朴雪豪．汉韩“那”类应答话语标记比较研究 [J]．汉语史与汉藏语研究，2020（1）：225－242.

[22] 李宇明．发掘语言的经济价值——《语言产业引论》序 [J]．语文建设，2014（1）：77－78.

[23] 李宇明，李艳．粤港澳大湾区语言产业与服务问题刍议 [J]．语言产业研究，2019：1－8.

[24] 李郁瑜．中亚文字改革：历史回顾与现实思考 [J]．西北民族论丛，2020（2）：267－282，377－378.

[25] 刘海涛．计量语言学导论 [M]．商务印书馆，2017.

[26] 刘海涛．计量语言学研究进展 [M]．浙江大学出版社，2018.

[27] 陆俭明．语言研究要与未来接轨 [J]．语言战略研究，2021，6（1）：1.

[28] 罗慧芳，蒙永业．中国语言服务产业研究 [M]．中国人民大学出版社，2020.

[29] 罗凯洲，韩宝成．国才考试的构念界定、任务设计与评分方法 [J]．中国外语教育，2018（1）：40－46.

[30] 吕冀平．当前我国语言文字的规范化问题 [M]．上海教育出版社，2000.

[31] 曼昆（Mankiw，N. G.）．经济学原理：第 7 版．微观经济学分册

[M]. 梁小民，梁砾，译. 北京大学出版社，2015.

[32] 缪素琴，祝尔悦. 互联网时代英语融入汉语的博弈语用学分析[J]. 外语研究，2016，33（6）：39-43.

[33] 莫旻荧. 礼貌语言的博弈论分析［J］. 社会科学家，2017（10）：151-155.

[34] 潘明威，肖杨田. 对接国际、落实国标，深入推进我国外语测评改革："标准与测评——2018 年语言测试国际研讨会"综述［J］. 外语测试与教学，2018（4）：64.

[35] 彭爽. 我国语言创意产业发展态势研究［M］. 吉林大学出版社，2020.

[36] 屈哨兵. 关于《中国语言生活状况报告》中语言服务问题的观察与思考［J］. 云南师范大学学报（哲学社会科学版），2010，42（5）：22-27.

[37] 屈哨兵. 语言服务引论［M］. 商务印书馆，2016.

[38] 苏剑. 语言产业对我国经济增长贡献率的定量估算［J］. 社会科学家，2014（4）：57-60.

[39] 苏剑. 语言距离影响国际贸易的理论机理与政策推演［J］. 学术月刊，2015，47（12）：59-64.

[40] 苏剑. 语言扶贫的理论逻辑、经验支持与实现路径［J］. 学术月刊，2020，52（9）：67-73.

[41] 苏剑，黄少安. 语言距离的测度及其在经济学中的应用［J］. 江汉论坛，2015（3）：5-10.

[42] 唐曼萍，李后建. 普通话技能的农户减贫效应研究——基于西部民族地区经济社会的调查［J］. 中国经济问题，2019（2）：122-136.

[43] 王辉. 近 20 年澳大利亚外语教育政策演变的启示［J］. 北华大学学报（社会科学版），2010，11（6）：28-32.

[44] 王立非. 语言服务产业论［M］. 外语教学与研究出版社，2020.

[45] 王莲. 中国英语能力等级量表的语言经济学考量［J］. 中国考试，2018（11）：7-13.

[46] 王莲，马林兰，李瑛. 澳大利亚国家语言政策研究［M］. 中国经济出版社，2019.

[47] 王璐瑶，罗伟．中国“文化赤字”的影响因素——基于引力模型和面板数据的实证分析［J］．国际经济合作，2010（5）：73－77.

[48] 王晋军．中国和东盟国家外语政策对比研究［M］．云南大学出版社，2015.

[49] 王晋军，施黎辉．中国与东盟国家民族语言政策对比研究［M］．社会科学文献出版社，2020.

[50] 王守仁．研究外语测试促进外语教学［J］．外语测试与教学，2011（1）：12－13.

[51] 武建国，徐鹰．说明书体裁分析的博弈语用学研究［J］．深圳大学学报（人文社会科学版），2012，29（4）：132－136.

[52] 吴艳，李金凤．博弈论视域中不可靠评价语探析［J］．江西财经大学学报，2013（2）：100－107.

[53] 夏登山，蓝纯．博弈语用学视角下的汉语歧义现象分析［J］．语言与翻译，2014（4）：5－10，15.

[54] 向明友．论经济分析的可行性——经济分析语用学探究之一［J］．外语教学，2000（3）：3－9.

[55] 向明友．经济分析语用学说略——经济分析语用学探究之四［J］．外语与外语教学，2002a（3）：16－18.

[56] 向明友．论言语配置的新经济原则［J］．外语教学与研究，2002b（5）：309－316，380.

[57] 向明友．关联论献疑——经济分析语用学探究之六［J］．外语学刊，2004（2）：34－38.

[58] 向明友．“困境求变”：语用研究的经济分析视角［N］．中国社会科学报，2011－9－20.

[59] 向明友，夏登山．博弈语用学述评［J］．山东外语教学，2011，32（4）：15－20.

[60] 向明友，朱迈青．论言语的社会交际功能——经济分析语用学探究之二［J］．外语学刊，2001（1）：81－86.

[61] 谢治菊，李强．语言扶贫与普通话技能的减贫效应［J］．广西民族大学学报（哲学社会科学版），2020，42（1）：167－174.

［62］徐珺，自正权．语言对中国对外贸易影响之实证研究：基于 17 国数据的考察［J］．外语电化教学，2016（4）：73－78，84．

［63］徐庆树，宋建．语言距离对中国入境旅游的影响研究［J］．语言产业研究，2021：131－142．

［64］徐艳平．浙江省语言产业发展战略研究［J］．语文学刊，2015（11）：3－5．

［65］杨莉芳．融合思辨能力与跨文化交流能力的语言测试任务设计——以“国际人才英语考试”为例［J］．外语界，2018（2）：49－56．

［66］语言学名词审定委员会．语言学名词［M］．商务印书馆，2011．

［67］约翰逊 D C．语言政策［M］．方小兵译，外语教学与研究出版社，2016．

［68］乐耀．互动语言学研究的重要课题——会话交际的基本单位［J］．当代语言学，2017，19（2）：246－271．

［69］张兢田，张德禄．语用风险的博弈论分析［J］．现代语文（语言研究版），2014（3）：111－115．

［70］张卫国．语言政策与语言规划：经济学与语言学比较的视角［J］．云南师范大学学报（哲学社会科学版），2011，43（5）：8－13．

［71］张卫国．普通话能力的减贫效应：基于经济、健康和精神维度的经验分析［J］．语言文字应用，2020（4）：37－51．

［72］张卫国，李晓文．语言能力与择地就业质量——基于普通话的工资效应及其地域差异的考察［J］．宏观质量研究，2021，9（5）：102－114．

［73］张媛，王文斌．认知语言学与互动语言学的可互动性探讨——宏观和微观层面［J］．外语教学与研究，2019，51（4）：496－507，639．

［74］周有光．中国语文纵横谈［M］．人民教育出版社，1992．

［75］Abrams D M，Strogatz S H．Modeling the dynamics of language death［J］．*Nature*，2003（424）：900．

［76］Al－Batineh M，Bilali L．Translator training in the Arab world：are curricula aligned with the language industry?［J］．*The Interpreter and Translator Trainer*，2017，11（2－3）：187－203．

［77］Azahari M，Wan S．Malaysia & Singapore：The Language Dilemma（A

Synthesis of Malaysia and Singapore Language Policy) [J]. *MARA Innovation Journal*, 2014, Volume 3, Issue 02, 1-7.

[78] Azam M, Chin A, Prakash N. The Returns to English-Language Skills in India [J]. *Economic Development and Cultural Change*, 2013, 61 (2): 335-367.

[79] Benz A, Jager G, Rooij R V. *Game theory and Pragmatics* [M]. Palgrave Macmillan, 2006 edition (December 30, 2005).

[80] Bolton K. English in Asia, Asian Englishes, and the issue of proficiency [J]. *English Today*, 2008, 24 (2): 3-12.

[81] Cherry C. *On Human Communication* [M]. John Wiley and Sons, 1957.

[82] Chew G L. From Third World to First: A Case Study of Lee Kuan Yew and Language Management in Singapore [J]. *Linguistics and the Human Sciences*, 2016, 11 (1): 31-50.

[83] Coluzzi P. Language planning for Malay in Malaysia: a case of failure or success? [J]. *International Journal of the Sociology of Language*, 2017 (244): 17-38.

[84] Cooper, R. L. *Language Planning and Social Change* [M]. Cambridge University Press, 1989.

[85] Couper-Kuhlen E and Selting M. *Interactional Linguistics: Studying Language in Social Interaction* [M]. Cambridge University Press, 2018.

[86] Davies A, Brown A, Elder C, Hill K, Lumley T, McNamara T. *Dictionary of language testing* [M]. Cambridge University Press, 1999.

[87] Deumert A. The Invisibility of Linguistic Diversity Online: Reflections on the Political Economy of Digital Communication [A]. In book: *Bridging Linguistics and Economics*, Cambridge University Press, 2020, 81-108.

[88] Fenske J, Kala N. Linguistic Distance and Market Integration in India [J]. *The Journal of Economic History*, 2021, 81 (1): 1-39.

[89] Fishman J. Some contrasts between linguistically homogeneous and linguistically heterogeneous polities [A]. In Joshua Fishman, Charles Ferguson, and Jyotirindra Das Gupta (Eds.) *Language Problems of Developing Nations* [C].

Wiley, 1968.

[90] Fishman J. An inter - polity perspective on the relationship between the linguistic heterogeneity, civil strife and per capita gross national product [J]. *International Journal of Applied Linguistics*, 1991, (1): 5 - 18.

[91] Ford C E. *Grammar in Interaction* [M]. Cambridge University Press, 1993.

[92] Gazzola M, Grin F and Vaillancourt F. Evaluating Language Policy and Planning: An Introduction to the Economic Approach [A]. In book: *Bridging Linguistics and Economics*, Cambridge University Press, 2020, 109 - 139.

[93] Gibbons R. *A primer in Game Theory* [M]. Pearson Academic, 1992.

[94] Ginsburgh V, Weber S, Weyers S. The economics of literary translation: some theory and evidence [J]. *Poetics*, 2011, 39 (3): 228 - 246.

[95] Giordano F R, Fox W P, Horton S B. *A First Course in Mathematical Modeling, Fifth Edition* [M]. Cengage Learning, 2013.

[96] Grin F. Language Planning and Economics [J]. *Current Issues in Language Planning*, 2003, 4 (1): 1 - 66.

[97] Grin F. *Language Policy Evaluation and the European Charter for Regional or Minority Languages* [M]. Palgrave Macmillan, 2003.

[98] Crin F. Economic considerations in language policy [J]. In Ricento T. (ed). *An Introduction to Language Policy: Theory and Method.* Blackwell Publishing, 2006.

[99] Heilbron J. Responding to globalization: the development of book translations in France and the Netherlands [A]. In: Pym A, Shlesinger M, Simeoni D (eds), *Beyond Descriptive Translation Studies: Investigations in Homage to Gideon Toury.* John Benjamins Publishing, Amsterdam, 2008, 187 - 197.

[100] Hornberger, N H. Frameworks and models in language policy and planning [A]. In T. Ricento (ed.) *An Introduction to Language Policy: Theory and Method*, pp. 24 - 41. Blackwell Publishing, 2006.

[101] Hutchinson W K. Does Ease of Communication Increase Trade? Commonality of Language and Bilateral Trade [J]. *Scottish Journal of Political Econo-*

my, 2002, 49 (5): 544 -556.

[102] Hutchinson W K. "Linguistic Distance" as a Determinant of Bilateral Trade [J]. *Southern Economic Journal*, 2005, 72 (1): 1 -15.

[103] Isphording E I, Otten S. The Costs of Babylon - Linguistic Distance in Applied Economics [J]. *Review of International Economics*, 2013, 21 (2): 354 -369.

[104] Johnson, D. C. 2013. *Language Policy* [M]. Palgrave Macmillan, 2013.

[105] Kachru B B. Standards, codification and sociolinguistic realism: the English language in the outer circle [A]. In R. Quirk and H. Widdowson (Eds.), *English in the World*. Cambridge University Press, 1985, 11 -16.

[106] Kachru B B. World Englishes and applied linguistics [J]. *World Englishes*, 1990, 9 (1): 178 -205.

[107] Kane M T. Validating high - stakes testing programs [J]. *Educational Measurement: Issues and Practices*, 2002, 21 (1): 31 -35.

[108] Lee C G. English Language and Economic Growth: Cross - Country Empirical Evidence [J]. *Journal of Economic and Social Studies*, 2012, 2 (1): 5 -20.

[109] Li L. An Economic Analysis of Letter Competition [D]. Ph. D. Thesis (in Korean), Department of Economics, Graduate School, Hoseo University, 2017.

[110] Li L, Kim G S. Letter Use Competition with a Benevolent Dictator [J]. *Review of Institution and Economics*, 2019, 13 (3): 69 -80.

[111] Li L, Kim G S. Literature producers' competition and its implication for Korea - Japan letter use pattern [J]. In Korean, *Journal of North - east Asian Cultures*, 2021, 69: 5 -18.

[112] Lien D, Chang H O, Selmier W T. Confucius institute effects on China's trade and FDI: Isn't it delightful when folks afar study Hanyu? [J]. *International Review of Economics and Finance*, 2012, 21 (1): 147 -155.

[113] Lo Bianco J. *National Policy on Languages* [M]. Australian Government Publishing Service, 1987.

[114] Lohmann J. Do language barriers affect trade? [J]. *Economics Letters*, 2011, 110 (2): 159 - 162.

[115] Marschak J. Economics of Language [J]. *Behavioral Science*, 1965, 10 (2): 135 - 140.

[116] Minett J W, Wang S Y. Modelling endangered languages: The effects of bilingualism and social structure [J]. *Lingua*, 2008, 118 (1): 19 - 45.

[117] Mira J B, Paredes A. Interlinguistic similarity and language death dynamics. *Europhysics Letters*, 2005, 69 (6): 1031 - 1034.

[118] Nettle D. Linguistic fragmentation and the wealth of nations: The Fishman - Pool hypothesis reexamined [J]. *Economic Development and Cultural Change*, 2000 (2): 335 - 348.

[119] Pool J. National development and language diversity [A]. In *Advances in the Sociology of Language*, Fishman J (ed), vol. 2. The Hague: Mouton, 1972.

[120] Pratt A C. The cultural industries production system: a case study of employment change in Britain, 1984 - 91 [J]. *Environment & Planning A*, 2008, 29 (11): 1953 - 1974.

[121] Rahman M M, Singh M K M. English and Malay language policy and planning in Malaysia [J]. *Training, Language and Culture*, 2021, 5 (4): 36 - 46.

[122] Ramyar M, Khamesian M, Halim N, et al. Tourists' Perception of Using The English Language In The Tourism Industry [J]. *American Research Journal of Humanities & Social Science*, 2020, 3 (6): 22 - 28.

[123] Ricento, T (ed.) *An Introduction to Language Policy: Theory and Method* [M]. Blackwell Publishing, 2006.

[124] Rohlfs J. A Theory of Interdependent Demand for a Communication Service [J]. *The Bell Journal of Economics and Management Science*, 1974, 5 (1): 16 - 37.

[125] Rubinstein A. Why are certain properties of binary relations relatively more common in natural language [J]. *Econometrica*, 1996, 64 (2): 343 - 355.

[126] Rubinstein A. *Economics and Language* (*Five Essays*) [M]. Cam-

bridge university press, 2000.

[127] Sacks H, Schegloff E A, Jefferson G. A Simplest systematics for the organization of turn - taking for conversation [J]. *Language*, 1974, 50 (4): 696 - 735.

[128] Schultz T W. *Investing in People: the Economics of Population Quality* [M]. University of California Press, 1982.

[129] Scott A J. *The Cultural Economy of Cities: Essays on the Geography of Image - producing Industries* [M]. London: Sage, 2000.

[130] Selten R, Pool J. The Distribution of Foreign Language Skills as a Game Equilibrium [A]. *Game Equilibrium Models IV: Social and Political Interaction.* Springer - Verlag, 1991, 64 - 87.

[131] Siemund P and Li Lijun. Multilingualism and language policy in Singapore [J]. In: Henning Klöter and Mårten Söderblom Saarela (eds.) *Language Diversity in the Sinophone World.* Routledge, 2020, 205 - 228.

[132] Spence A M. Job Market Signaling [J]. *The Quarterly Journal of Economics*, 1973, 87 (3): 355 - 374.

[133] Sperlich S, Uriarte J R. The economics of minority language use: theory and empirical evidence for a language game model [J]. *SSRN Electronic Journal*, 2019.

[134] Templin T. A language competition model for new minorities [J]. *Rationality and Society*, 2019, 31: 40 - 69.

[135] Tsushima R, Guardado M. English language 'education' or 'industry'? Bridging parallel discourses in Canada [A]. In L. T. Wong & A. Dubey - Jhaveri (Eds.), *English language education in a global world: Practices, issues and challenges* (pp. 239 - 250). Hauppauge, New York: Nova Science Publishers, 2015.

[136] Vigouroux C B, Mufwene S S. (eds.). *Bridging Linguistics and Economics* [M]. Cambridge University Press, 2020.

[137] Vigouroux C B, Mufwene S S. Do Linguists Need Economics and Economists Linguistics? [A]. In book: *Bridging Linguistics and Economics*, Cambridge University Press, 2020, 1 - 55.

[138] Vlasenko, L. Linguistic distance as a variable of the gravity model for

international trade: example of China [J]. *Fundamental and applied researches in practice of leading scientific schools*, 2020, 38 (2): 4-9.

[139] Wiese H. Language competition: an economic theory of language learning and production [J]. *International Journal of the Sociology of Language*, 2015 (236): 295-329.

[140] Winke P. Evaluating the validity of a high-stakes ESL test: Why teachers' perceptions matter [J]. *TESOL Quarterly*, 2011, 45 (4): 628-660.

[141] Xerri D, Vella Britta P. (Eds.). *Teachers' involvement in high-stakes language testing* [M]. Springer, 2018.

[142] Zhang W, Grenier G. How can Language be linked to Economics? A Survey of Two Strands of Research [J]. *Language Problems and Language Planning*, 2013, 37 (3): 203-226.

[143] Zipf G K. *Human Behavior and the Principle of Least Effort* [M]. Addison-Wesley, 1949.